AF537547

Die Wahrheit über Verschwörungstheorien

Wie Verschwörungsmythen entstehen, sich ausbreiten und Anhänger finden

Sebastian Brunow

Email: info@edition-lunerion.de
www.edition-lunerion.de

Psiana eCom UG
Berumer Str. 44
26844 Jemgum

INHALT

Vorwort

Verschwörungstheorien haben seit einigen Jahren Hochkonjunktur. Was noch vor wenigen Jahren als Randphänomen belächelt wurde, ist endgültig in der Mitte der Gesellschaft angekommen – höchste Zeit also, sich genauer anzuschauen, womit wir es da eigentlich zu tun haben! Zahlreiche Studien haben festgestellt, dass in letzter Zeit immer mehr Menschen an irrationale und nicht belegbare Erzählungen glauben. Von der gefälschten Mondlandung über die gesteuerten Anschläge des 11. September bis zu den Reichsbürgern – das Spektrum an Theorien ist breit, genauso wie ihre Ursprünge.

Dieses Buch begibt sich deshalb auf eine faszinierende Spurensuche bei Flat-Earth Society & Co.: Was macht eine Verschwörungstheorie aus, woher stammen die Mythen, wer sorgt für ihre Verbreitung und aus welchem Grund? Warum sind manche Menschen anfällig für offensichtlich Abwegiges und welche Mechanismen halten Verschwörungsgläubige so hartnäckig in ihrer Gewalt? Tauchen Sie ein in die Welt der haarsträubenden Geschichten, entdecken Sie die populärsten Theorien und erfahren Sie, worauf es bei der Konfrontation mit Erfundenem & Unbelegbarem wirklich ankommt.

Verschwörungstheorien, Mythen & Erzählungen

Verschwörungstheorien scheinen seit einigen Jahren Hochkonjunktur zu haben. Doch beschäftigt man sich erst einmal näher mit dem Thema, stellt man schnell fest, dass viele Verschwörungstheorien nicht erst in den vergangenen Jahren entstanden sind, sondern Hunderte von Jahren in die Menschheitsgeschichte zurückgehen. Schon immer gab es Menschen, die an die verschiedensten Verschwörungstheorien geglaubt haben. Deutlich sichtbarer und im öffentlichen Diskurs präsenter sind Verschwörungserzählungen jedoch, durch das Internet, in den letzten Jahren geworden. Egal, ob es sich dabei um die Verschwörungstheorie der angeblich inszenierten Mondlandung, um die Verschwörung der vermeintlichen Scheibenform der Erde oder um die außerirdischen Echsenmenschen handelt, die angeblich unter uns leben und das Geschehen in der Welt steuern sollen – sie alle sind mittlerweile auch für den Mainstream ein Begriff.

Zu fast jedem Vorgang in der Welt, der nicht so leicht verständlich ist, gibt es heutzutage eine Verschwörungstheorie. Verschwörungstheorien funktionieren dadurch, dass sie sowohl Sinn- als auch Erklärungsangebote liefern und durch die Erzeugung von Zusammenhängen zwischen einzelnen Ereignissen Sicherheit spenden. Verschwörungstheoretiker*innen fühlen sich mit einem ganz besonderen Wissen ausgestattet, das nur sie, nicht aber andere Menschen, erkennen können. Deshalb wägen sie sich in der Annahme, etwas Besonderes und jemand Auserwähltes zu sein, der die vermeintlich echte Wahrheit erkennen kann.

Doch welche Logik verbirgt sich eigentlich hinter einer Verschwörungstheorie und was macht sie genau aus? Wem nützen Verschwörungstheorien überhaupt, was wollen Anhänger*innen damit erreichen und wie wird man ganz allgemein zum*r Verschwörungsgläubigen? Wie finde ich mich selbst in einer Welt zurecht, die von unzähligen Informationen regelrecht durchflutet wird und in der ich Tag für Tag mit Verschwörungen konfrontiert werde? Und wie gehe ich am besten damit um, wenn mich meine Eltern, meine Freund*innen oder meine Arbeitskolleg*innen mit der QAnon-Verschwörung oder der Flat-Earth-Theorie konfrontieren?

Die Antworten zu all diesen und noch weiteren Fragen werden in diesem Buch aufgezeigt und beantwortet. Außerdem werden verschiedene Fallbeispiele bekannter Verschwörungstheorien analysiert und dabei die vermeintlichen Belege der Verschwörungstheoretiker*innen sowie die jeweiligen Gegenargumente zu ihren Beweisen präsentiert. Darüber hinaus widmet sich ein Kapitel wahren Verschwörungen sowie dem Fallbeispiel der "Watergate-Affäre". In einem letzten Schritt rundet der praktische Teil dieses Buches die Welt der Verschwörungen perfekt ab, bevor die zentralen Erkenntnisse zum Schluss erneut aufgegriffen werden.

Unter der Lupe

DIE LOGIK DER VERSCHWÖRUNGSTHEORIE

Beinahe täglich begegnet man Menschen, die der festen Überzeugung sind, zu wissen, welche Gründe hinter den Maßnahmen zur Eindämmung des Coronavirus stecken oder was die wahre Ursache hinter den Anschlägen vom 11. September ist. Ob Bill Gates, Pharmakonzerne oder geheime Weltübernahmepläne durch im Hintergrund agierende Mächte – sie alle sind Vertreter*innen enormer Anschuldigungen am Bösen, an Lügen und an Habgier. Verschwörungstheoretiker*innen sind der festen Überzeugung, die eigentliche Wahrheit zu kennen, und entwickeln oftmals den Drang, andere Menschen aufklären zu wollen. Doch woher stammt der Wunsch, geheimen und bösen Weltmächten Glauben zu schenken und sie demaskieren zu wollen?

Grundsätzlich gibt es drei seelische Muster, für die Verschwörungstheorien wichtige Funktionen haben:

1. Die Dynamik identitätsstiftender Demaskierung
2. Die Dynamik ohnmachtsgetriebener Rache
3. Die Dynamik unbewusster Angstprojektionen

1. Die Dynamik identitätsstiftender Demaskierung

Viele Menschen werden in ihrer Kindheit hintergangen und, wenn auch wohlmeinend, angelogen. Oftmals lassen sich Eltern dazu verleiten, ihren eigenen Kindern etwas zu verheimlichen. Ob es sich dabei um Geldsorgen, Beziehungskrisen, Ängste, Krankheiten, Überforderung oder sogar die Bevorzugung des Geschwisterkindes handelt, ist dabei zweitrangig. Damit einher gehen häufig Schuldgefühl der Erwachsenen, die sie nicht nur vor anderen, sondern auch vor sich selbst leugnen. Vor Kindern kann man aber auf der grundlegenden Wahrnehmungsebene nichts verstecken. Sie reagieren automatisch auf die Schwingungen, die von ihren Eltern ausgehen. Sie bekommen alles mit und spüren vor allem auf unbewusster Ebene, dass irgendetwas nicht stimmt.

Sobald Eltern offiziell leugnen, was ihre Kinder inoffiziell schon längst wissen, muss dieser Widerspruch und Zwiespalt bearbeitet werden. Meistens treten Kinder dann für die Richtigkeit ihrer eigenen Wahrnehmungen ein. Das äußert sich darin, dass sie sich selbst behaupten wollen, indem sie die von ihren Eltern geleugneten Aspekte der Wirklichkeit thematisieren. Sie stellen Fragen wie: „Du bist traurig, oder Mama?", „Papa, warum magst du die Mama nicht mehr?" oder „Warum riechst du jetzt immer so komisch, Papa?"

Hoffnungsvoll versuchen sie, den Schleier zu zerreißen, der die Wahrheit verhüllt, und die Lügen um sie herum zu demaskieren. Dabei stecken sie ihre Energie sowohl in die Rettung ihrer eigenen Wahrnehmungssicherheit als auch in jene ihrer eigenen Identität. Dieses Verhalten ist wichtig, doch reagieren die Eltern weiterhin mit Dementi, schürt das einzig und allein den kindlichen Ehrgeiz, Recht zu bekommen. Somit entsteht einer der Nährböden des seelischen Musters, die anfällig für Verschwörungstheorien machen. Sie versuchen, durch Lauschen oder Investigieren an Informationen zu kommen, und überprüfen die Aussagen ihrer Eltern. Dadurch entwickelt sich bereits in jungen Jahren ein tief verankertes Bewusstsein dafür, stets die eigentliche Wahrheit erkennen zu wollen, Autoritäten gegenüber wachsam zu sein und Misstrauen zu entwickeln.

Alles, was Kinder lernen, kann sich als festes Muster generalisieren und verselbstständigen. Das gefestigte Muster wird dann zum Fundament, auf dessen Grundlage man niemand anderem als sich selbst mehr vertrauen kann und darf. Sie isolieren sich zunehmend und stehen jedem kritisch und anklagend gegenüber. Die Lügen der Eltern beeinflussen die Identitätsentwicklung der eigenen Kinder also maßgeblich und sie sind ihr ganzes Leben lang bestrebt, die echte Wahrheit enthüllen zu wollen.

Geben jetzt Regierungen, Vorgesetzte oder Verwaltungen bestimmte Dinge vor und nennen sie darüber hinaus Gründe, die sehr fragwürdig erscheinen, wird die allgemeine Skepsis und das innerliche darauf Festgelegt-Sein, dass einem etwas vorgemacht wird, bei Menschen mit den eben beschriebenen Mustern besonders aktiviert.

In Zeiten, in denen Politiker*innen zwangsläufig unsichere Entscheidungen treffen müssen und nicht einmal mehr die Wissenschaft Verlässlichkeit bietet, sind für solche Menschen perfekte externe Bedingungen geschaffen, um ihr Misstrauen kommunizieren zu können. Widersprüchlichkeiten, schlechte Kommunikation und starke Empfindungen sind ein buntes Mosaik, das selbst bei gut integrierten Erwachsenen innere Nöte auslöst.

Traut man nun den Menschen, die sich in Positionen befinden, in denen sie wichtige Entscheidungen für die allgemeine Bevölkerung treffen, nicht, muss man sie ihren eigenen Lügen überführen, sie demaskieren und die echte Wahrheit ausfindig machen. Für Menschen mit diesen Mustern sind echte Wahrheiten dann solche, die eindeutig und klar sind und der Mehrheitsmeinung der offiziellen Stellen widersprechen. Die Toleranz gegenüber unerledigten Fragen der Kompetenz und gegenüber Unsicherheiten nimmt rapide ab und analysierende Dialoge werden durch Beweisführung ersetzt.

Jegliche Versuche, Menschen mit diesen Mustern zu beruhigen oder ihnen gar zu widersprechen, heizen die Situation nur noch mehr an. Besser ist es, sich aufmerksam nach den **Ursachen des Misstrauens** zu erkundigen und in einen **gemeinsamen Dialog** darüber einzutreten, welche Probleme tatsächlich bekämpft werden sollen. Leider sind solche Ebenen der Kommunikation unter alltäglichen Bedingungen und in alltäglichen Beziehungen nicht immer leicht herzustellen. Möglicherweise könnte die freie Assoziation nach Sigmund Freud ein geeignetes Tool sein, um das eigene Unbewusste zu erforschen.

2. Die Dynamik ohnmachtsgetriebener Rache

Es gibt Familien, in denen der Grundsatz lautet, dass Mama oder Papa immer Recht hat, sodass dem Kind dann nur noch die Rolle des*der Unmächtigen bleibt. Anstatt dem Kind etwas zu erklären, muss es klein beigeben und zugeben, dass es nichts versteht, weil es eben noch zu jung ist. Es entsteht erneut einer der Nährböden des seelischen Musters, die anfällig für Verschwörungstheorien machen. Denn aus diesen Familien gehen dann Kinder hervor, die ungünstige Wege im Leben einschlagen, um mit dieser Dauerohnmacht umgehen zu können. Hierfür gibt es natürlich verschiedene Arten von Wegen, doch der Rachedurst ist ohne Zweifel eine ziemlich verlässliche Komponente für all die erlebten Demütigungen. Um an den Mächtigen und Großen dann Rache nehmen zu können, ist der Zusammenschluss der Kleinen sehr zweckmäßig.

Besonders häufig entwickeln Menschen, die dieser Art von Gewalt in ihrer Kindheit ausgesetzt waren, den Wunsch danach, innerhalb einer Gruppe von Gleichgesinnten aus der Ohnmacht in die Macht zu wechseln. Rache ist ein außerordentlich wirksamer Antrieb, ein dominantes Leitmotiv, das körperlich wahrnehmbar und verankerbar ist. Nur äußerst selten lässt sich jemand fallend und freiwillig auf die tief liegende Demütigung und den erlittenen seelischen Schmerz ein. Denn es ist wesentlich leichter, gegen unsichtbare Mächte und ihre feindlichen Motive anzukämpfen. Zeitgleich richten sie ihren Zorn jedoch auch auf diejenigen Personen, die die Mächtigen zu Unrecht gut behandeln. Dadurch wandelt sich jede Ungerechtigkeit in einen brenzligen Auslöser des inneren Rachefeuers um. Als Beweis fungiert der Glaube, dass man selbst niemals Wohlwollen und Fürsorge erleben wird. Vielmehr wird das eigene Seelenleben vom Gefühl dominiert, nicht gehört zu werden oder neidisch zu sein. So geschieht es, dass beispielsweise Bill Gates als Schuldiger angesehen wird.

Der Gedanke, der diesen Menschen dabei im Kopf herumschwirrt, ist der folgende: Je freundlicher ein Mensch nach außen hin wirkt, umso verdächtiger macht er sich dahin gehend, ganz geheim und verborgen nach der Weltdominanz zu streben. Denn manche Menschen haben von klein auf erlebt, sich im Namen des Guten zu unterwerfen. Wenn man selbst nun solch eine Geschichte hat, ist es nicht verwunderlich, das vermeintlich Gute demaskieren und allen zeigen zu wollen, welcher Mensch tatsächlich hinter der Maske steckt.

Solange der innere Schmerz der Demütigung nicht aufgearbeitet, die Absenz des Gewürdigt- und des Gesehen-Werdens nicht ausgeglichen und Rachegelüste nicht reflektiert wurden, kann der Drang danach, böse Menschen hinter guten Masken ausfindig zu machen und sie zu enttarnen, nicht eine Sekunde schwinden.

Aus diesem Grund bleibt auch hier nur der Weg des Versuches – der Versuch, die in Vergessenheit geratene **innere Not** der Menschen zu berühren. Denn die pure Ignoranz der Menschen, die in den Mustern ohnmachtsgetriebener Rache gefangen sind, bringt niemanden weiter. Rachefeldzüge können einfach zu viel Schaden mit sich ziehen, als dass sie gesellschaftlich tolerierbar wären. Insbesondere hier ist die **seelische Entwicklungsarbeit** immens wichtig, um diese Menschen in soziale Systeme zu integrieren. Denn sobald sich seelische Konflikte nach außen hin wandeln, ist eine folgenschwere Mutation zu politischen Aktivitäten nicht weit entfernt.

3. Die Dynamik unbewusster Angstprojektionen

Die seelische Dynamik unbewusster Angstprojektionen macht Betroffene durch die Projektion unbewusster und unerträglicher Ängste für Verschwörungsideen anfällig. Einige Menschen kennen nichts anderes, als dass sie mit ihren Ängsten allein gelassen werden. Meistens mussten sie dies bereits seit Kindesalter lernen. Sind die Erwachsenen nun, die eigentlich der Fels in der Brandung sein und dem Kind Halt spenden sollten, selbst voller Ängste, wird sehr häufig der Umfang dessen, was innerlich tragbar ist, überschritten. Dann wird das Kind nicht nur mit seinen*ihren eigenen Ängsten allein gelassen, sondern auch noch von den Ängsten der Erwachsenen umzingelt. Kleine Kinder neigen bereits bei relativ normalen Umständen dazu, ihre eigenen Ängste im Außen zu platzieren, um ein Motiv für die eigene Unruhe zu finden. Dadurch wird das Monster im Schrank ein wahres Hindernis beim Einschlafen.

Wenn man eine Ursache im Außen hat, hilft es, mit den eigenen unerklärlichen Ängsten besser umzugehen. Dieses Muster kann sich bis ins Erwachsenenalter ziehen, wobei Betroffene im Laufe ihres Lebens innere Spannungszustände und sogar unverkennbare Ängste entwickeln. Diese Ängste können oftmals unterschiedliche Formen annehmen. Dazu gehören neben körperlichen Symptomen wie Herzrasen auch vollständige Fantasien oder mutmaßliche Feindseligkeiten im sozialen Umfeld. Das Monster im Schrank wandelt sich bei Erwachsenen dann zu anonymen Mächten, korrupten Medien oder einem Staat, der von Geheimdiensten unterwandert ist. Problematisch ist hierbei, dass die eigene subjektive Überzeugungskraft maximales Ausmaß annehmen kann.

Projektionen dieser Art entstammen den elementaren Schichten des Großhirns, das für das emotionale Erleben von Ängsten verantwortlich ist. Dadurch erlebt man die dazugehörigen Ängste als vollkommen real, fundiert und präsent. Erinnerungen und Andenken im Stammhirn besitzen keinen Zeitstempel, wodurch sich Ängste, die dort abgespeichert wurden, gegenwärtig anfühlen. Deutet man diese Gefühle jetzt als Reaktionen auf die gefährlichen Mächte in der wirklichen Welt, erschafft das ein Gefühl der Stabilität. Gegen Äußeres kann man vorgehen, indem man vorsichtig ist, andere Menschen aufklärt und sich gegen gemeinsame Feinde zusammenschließt. Wer an diesen Überzeugungen zweifelt, wirkt unbewusst äußerst bedrohlich, wohingegen Wissenschaftler*innen und andere Autoritäten, die dieselben Überzeugungen vertreten, äußerst willkommen erscheinen.

Die Entscheidung, welchen Überzeugungen und Fakten man Glauben schenken mag, ist tief im Unbewussten gefangen. Sie basiert auf den

Annahmen, die einem eine Entlastung der inneren Spannungszustände verspricht, da man sich durch Empörungen im Kampf gegen externe Mächte besser stabilisieren kann als im schleppenden Kampf mit den inneren destruktiven Kräften. Empörung und Überzeugung schaffen zumindest für den Moment eine Erlösung der inneren Widersprüche und ein Abschwächen des Gefühls der Einsamkeit.

Der Versuch, Menschen argumentativ ihren Projektionen zu berauben, wird auch bei diesem Muster scheitern. Derartige Projektionen besitzen keine kognitive Funktion, wodurch sie auch nicht kognitiv beeinflussbar sind. Menschen mit Verfolgungswahn benötigen einen **sicheren inneren Ort**, weil es ohne Frieden im Inneren auch keinen Frieden im Außen geben kann. Diejenigen, die im Inneren Krieg führen, benötigen im Außen eine böse Welt, denn wie sollten sonst die eigenen Ängste erklärbar sein?

Verschwörungstheorien sind Mittel zur psychischen Stabilisierung, die Schmerzen abwehren, Handlungsmöglichkeiten bieten, eine Identität und Vergemeinschaftung schaffen sowie das Gefühl der Opferrolle reduzieren. Menschen mit den obigen drei Arten von Mustern suchen Verschwörungstheorien. Je labiler sie sind, umso stärker ist auch die Suche nach ihnen. Dabei haben alle drei Varianten gemeinsam, dass der Versuch, auf die betroffenen Menschen inhaltlich argumentierend einzureden, vollkommen sinnlos ist. Die Problematik hierbei ist nämlich keine denkerische, sondern vielmehr eine **emotionale**. Sollte ein Einwirken möglich sein, sollte dies immer durch den emotionalen Kontakt sowie durch die **Begegnung** und nicht durch Diskussionen stattfinden. Um sich in der realen Welt gut und sicher aufgehoben zu fühlen, ist **innere** sowie **seelische Sicherheit** maßgeblich.

DEFINITION & MERKMALE

Verschwörungstheorien scheinen auf dem Vormarsch zu sein, denn überall, wohin man blickt, trifft man auf alternative Erklärungsansätze, die im Verborgenen agierenden, bösen Mächten die Verantwortung für Ereignisse wie dem 11. September oder für das Fehlen einer Heilmethode für AIDS geben. Zu fast jeder Thematik findet man heutzutage Verschwörungstheorien, doch was genau ist das Phänomen der Verschwörungstheorie eigentlich?

Experten und Expertinnen sind sich bei der Frage nach der Definition und der Funktion von Verschwörungstheorien nicht immer ganz einig. Für den Professor für Amerikanistik an der Eberhard-Karls-Universität in Tübingen und Leiter des interdisziplinären EU-Forschungsverbundes *Michael Butter* setzen sich Verschwörungstheorien aus drei wesentlichen Faktoren zusammen. Zuerst gibt es immer eine Gruppe von Verschwörern und Verschwörerinnen, ein **Kollektiv**. Zweitens gibt es einen **Plan**, der von diesem Kollektiv verfolgt wird, und drittens wird dieser

Plan **im Geheimen** ausgeübt. Zudem spielt laut Butter immer auch der **Dualismus** zwischen dem Guten und dem Bösen eine Rolle, da Anhänger*innen von Verschwörungstheorien meistens keine positiven Absichten im Sinn haben, sondern anderen mit ihren Machenschaften schaden.

Für den Psychologen *Sebastian Bartoschek*, der für seine Promotion eine empirische Grundlagenarbeit über Verschwörungstheorien verfasste, ist die Definition von Verschwörungstheorien etwas weiter gefasst. Um Bartoscheks Definition von Verschwörungstheorien gerecht zu werden, muss diese der **offiziellen Version eines Vorganges widersprechen**, da man dadurch das **Wahrheitskriterium** vermeidet. Dabei muss man jedoch **nicht den Standpunkt vertreten**, dass man wirklich weiß, was der Wahrheit entspricht und was nicht.

Beide Experten sind sich einig, dass Verschwörungstheorien dadurch funktionieren, dass sie **Sinn- und Erklärungsangebote** liefern. Um die psychologische Funktion von Verschwörungstheorien hervorzuheben, verwendet Bartoschek den Begriff der **Selbstwirksamkeit**. Indem sie Zusammenhänge und Verbindungen zwischen Ereignissen herstellen und diese auf diese Art vermeintlich erläutern, scheinen Verschwörungstheorien Sicherheit zu spenden. Ihre Anhänger*innen bestücken sie mit einem ganz besonderen Wissen, wodurch diese scheinbar vor schädlichen Einflüssen geschützt sind. Nicht zu verleugnen ist jedoch, dass Verschwörungstheorien, aufgrund ihres negativen Grundcharakters, auch Angst erzeugen. Denn letztendlich fesseln sie das Individuum und schränken es in seiner eigenen Freiheit ein.

Aus wissenschaftlicher Perspektive sind Verschwörungstheorien nichts anderes als **heterodoxe Wissensbestände,** welche im Widerspruch zu **orthodoxen Wissensbeständen** der Gesellschaft stehen.

Ein heterodoxer Wissensbestand meint hierbei ein Überzeugungssystem, das entweder aktuelle oder historische Ereignisse, gemeinsame Erfahrungen oder eine gesellschaftliche Entwicklung als Konsequenz einer Verschwörung interpretiert. Dabei wird die Existenz dieser Verschwörung entweder von der Mehrheit der Bevölkerung, von den leitenden Medien oder aber von anderen national genehmigten Deutungsinstanzen nicht anerkannt.

Im Gegensatz dazu ist ein orthodoxer Wissensbestand ein Überzeugungssystem, das entweder von der Mehrheit der Bevölkerung, von den leitenden Medien oder von anderen national genehmigten Deutungsinstanzen anerkannt ist. Welche Verschwörungstheorie zu einem konkreten historischen Zeitpunkt in der Gesellschaft als heterodox oder orthodox galt, kann ausschließlich empirisch beantwortet werden.

Verschwörungstheorien sind spezifische Formen des Wissens. Sie weisen eigene Attribute auf, welche auf ihrer strukturellen Ebene einen kleinsten gemeinsamen Nenner haben. Der kleinste gemeinsame Nenner ist die **Symbiose** aus den folgenden drei Merkmalen: eine **Gruppe** aus mindestens 2 Verschwörer*innen, **Intentionalismus** (erklärt die Ereignisse als das Produkt von Absichten), **Geheimhaltung**. Die Aussage, dass eine Verschwörungstheorie per definitionem der offiziellen Darstellung widerspricht, sagt jedoch nichts darüber aus, ob sie wahr oder unwahr ist. Denn der Wahrheitswert ist kein Teil der Definition.

Eine **Verschwörungstheorie** ist ein **heterodoxes Überzeugungssystem** zu gesellschaftlichen Vorgängen. Dieses **hinterfragt** zu einem konkreten Zeitpunkt eine **allgemein anerkannte Wahrnehmung der Wirklichkeit**. Es wird davon ausgegangen, dass ein Kollektiv von **mindestens** zwei **Personen plant**, **geheim** eigene (Macht-) Interessen zu realisieren. Dabei können Vermutungen über die Stichhaltigkeit dieses Überzeugungssystems getroffen werden. Zum Beispiel ist die Verschwörung rund um die Terroranschläge vom 11. September 2001 ein heterodoxes Überzeugungssystem, das nicht von der Mehrheit der Bevölkerung anerkannt wird.

Die EU-Kommission hat zudem sechs Merkmale zusammengetragen, die Verschwörungstheorien gemeinsam haben.

1. Es gibt eine angebliche, geheime Verschwörung.
2. Verschwörungstheorien werden von einer Gruppe von Verschwörern*innen vertreten.
3. Es existieren "Beweise", die die Verschwörungstheorie stützen.
4. Verschwörungstheorien suggerieren, dass es keine Zufälle gibt und nichts einfach so geschieht. Alles ist miteinander verbunden und nichts ist, wie es scheint.
5. Verschwörungstheorien teilen die Welt in Gut und Böse auf.
6. Verschwörungstheorien stellen bestimmte Menschen oder Kollektive als Sündenböcke dar.

Quelle: https://ec.europa.eu/info/live-work-travel-eu/coronavirus-response/fighting-disinformation/identifying-conspiracy-theories_de

URSPRUNG

Der Anfang von Verschwörungstheorien ist vermutlich in der frühen Neuzeit, etwa ab Ende des 15. Jahrhunderts, zu datieren. Die ersten großen Verschwörungstheorien traten dann in der Epoche der Aufklärung in Erscheinung. Zwei wesentliche Gründe hierfür waren zum einen die Erfindung der Druckpresse durch Johannes Gutenberg und zum anderen die zunehmende Bildung der Bevölkerung. Mit Gutenbergs Erfindung um 1450 schaffte er das erste Massenmedium der Menschheitsgeschichte. Damit eine Verschwörungstheorie erfolgreich ist, bedarf es nämlich Verbreitungsmechanismen und Menschen, die diese Informationen verstehen können.

In einer Welt, die sich während der Epoche der Aufklärung vom christlichen Glauben abwandte, lieferten Verschwörungstheorien eine Form des Religionsersatzes. Es lag nicht mehr in Gottes Händen, die Fäden in der Welt zu ziehen, sondern es oblag eben einer geheimnisvollen Gruppe mächtiger Menschen, die ihre ganz eigenen Pläne hatten. Selbst Wissenschaftler*innen und Intellektuelle waren für Verschwörungstheorien anfällig, weil das wissenschaftliche Denken zu damaliger Zeit ganz anders war als heute. Zum Beispiel gab es seinerzeit kein plausibles Konzept für den Zufall als Auslöser bestimmter Ereignisse. Das führte dazu, dass Verschwörungstheorien suggerieren, dass es keine Zufälle gibt und dass nichts ohne Grund geschieht. Vielmehr ist alles miteinander verbunden und hängt zusammen.

Bartoschek vermutet sogar, dass es immer schon Verschwörungstheorien gab. Seine Vermutung begründet er durch eine evolutionspsychologische Komponente: Im Schutz vor Gefahren war es für die Menschen sinnvoller, übervorsichtig zu sein und sich in Gruppen zusammenzufinden, die fremden Personen gegenüber misstrauisch waren. Bartoschek glaubt, dass sich Verschwörungstheorien aus diesen Dynamiken heraus entwickelt haben könnten.

Laut Butter rankte sich die erste bedeutende Verschwörungstheorie um die Französische Revolution aus dem Jahre 1789. Angeblich soll der *Geheimbund der Illuminaten* diese gesteuert haben, da seine Anhänger*innen der Religion feindlich gegenüberstanden und lieber eigene Ziele verfolgen wollten. Die Theorie bekam von vielen europäischen und US-amerikanischen Politiker*innen und Intellektuellen der damaligen Zeit Zuspruch. Butter erklärt dieses Phänomen damit, dass Verschwörungstheorien für einen langen Zeitabschnitt die normale Sicht auf die Dinge waren. Der Gedanke, dass Verschwörungstheorien alternatives Gegenwissen sind, etablierte sich erst zum Ende des Zweiten Weltkrieges in der westlichen Welt.

Die Verschwörung hinter der Verschwörungstheorie

WEM NÜTZEN VERSCHWÖRUNGSTHEORIEN?

Die Mehrheit der Verschwörungstheorien werden von Menschen erfunden, die tatsächlich an sie glauben. Anfangs steht die Frage „Wem nützt es?" im Raum. Anschließend werden Verbindungen hergestellt und ein erster Verdacht ausformuliert. Die Gruppe, die von den Verschwörungstheoretiker*innen verdächtigt wird, wird erst einmal nur vage als "die Mächtigen" oder aber auch als "der Feind" beschrieben. Dadurch bleibt viel Spielraum für die eigene Fantasie. Mythen über Verschwörungstheorien werden oftmals anonym publiziert und somit in Umlauf gebracht.

Normalerweise beschränken sich reale Verschwörungen auf Ereignisse, die sich relativ deutlich abgrenzen lassen, zum Beispiel ein Attentat oder ein Staatsstreich. Verschwörungstheorien entwerfen hingegen relativ zügig sehr viel größere Szenarien, selbst wenn sie ursprünglich mit abgrenzbaren Ereignissen begonnen haben mögen. Währenddessen bei realen Verschwörungen Dinge geschehen, die weder geplant noch gewollt waren, wird dieser Zufall bei Verschwörungstheorien grundsätzlich ausgeschlossen.

Verschwörungstheorien erfüllen eine klassische Sündenbockfunktion, indem sie die Verantwortung auf eine klar identifizierbare Gruppe menschlicher Akteure und Akteurinnen schieben. Das ist nicht nur befriedigend, sondern auch erleichternd und hat eine Entlastungsfunktion. Denn man selbst schreibt sich keinerlei Schuld zu, weil es doch die Bösen gibt, die schuldig sind. Außerdem stärken Verschwörungstheorien die Gruppenidentität, weil sich die Verschwörer*innen als die unschuldigen Opfer betrachten und die anderen Menschen als die Gruppe böser Verschwörer*innen ansehen. Darüber hinaus bedingen Verschwörungstheorien einen gewissen Optimismus, welchen viele Verschwörungstheorien innehaben. Ein unsichtbares Virus kann man nicht entlarven, echte Verschwörungen aber schon. Man kann sie demaskieren, potenziell besiegen und dadurch zu dem Status zurückkehren, der vor der Verschwörung gegeben war. Zuletzt ermöglichen Verschwörungstheorien, das Wunder der eigenen Identität zu bekräftigen. Man selbst gehört nun einer kleinen Gruppe, einer Elite, an, die verstanden hat, wie die Welt in Wirklichkeit funktioniert. Man selbst ist aus seiner Unmündigkeit erwacht und blickt mit offenen Augen auf die Welt, wohingegen die anderen immer noch mit verschlossenen Augen durchs Leben gehen. Dadurch, dass man selbst verstanden hat, was um einen herum passiert, ist man etwas ganz Besonderes.

In diesem Zusammenhang taucht ein Begriff immer wieder auf: das **Schlafschaf**. Das Schlagwort stammt aus dem gesellschaftspolitischen Diskurs. Es wird von Verschwörungstheoretiker*innen gebraucht, um sich von den unwissenden Schlafenden abzugrenzen. Der Begriff impliziert, dass man selbst zu einer Wissenselite gehört. Mit dem Wort „Schlafschaf" wird eine Person beschrieben, die jegliches Hinterfragen ablehnt. Diese Person ist resistent gegenüber jeglichen Fakten und Widersprüchen. Sie befreit sich vollständig aus dem eigenständigen Denken sowie der Empathie sowohl gegenüber anderen als auch gegenüber sich selbst. Menschen, die an Verschwörungstheorien glauben, konstruieren sich – im Gegensatz zu den Schlafschafen – als aufgewacht. Sie denken, sie seien die einzigen, die die Wahrheit sehen können. In der Psychologie spricht man im Kontext dieses Bedürfnisses vom *Need for Uniqueness* bzw. vom Bedürfnis nach Einzigartigkeit.

Die Forschung konnte in den vergangenen Jahren aufzeigen, dass die Menschen, die Verschwörungstheorien befürworten, eher der Überzeugung waren, dass sie über geheime oder seltene Informationen verfügen. Bei einem Experiment wurden verschiedene Teilnehmer*innen mit einer Verschwörungstheorie zu Rauchmeldern konfrontiert. Angeblich sollten diese einen gefährlichen Hyperschall produzieren. Im Zuge dessen lasen Personen in der einen Versuchsbedingung, dass eine Mehrheit der Deutschen Anhänger*innen dieser Verschwörungstheorie sei, wohingegen dies in der anderen Versuchsbedingung nur eine Minderheit tat. Tendenziell folgen Menschen eher der Mehrheitsmeinung, doch bei Menschen mit einer ausgeprägten **Verschwörungsmentalität** verhält sich dies anders. Wenn sie glaubten, dass es sich bei der Verschwörung der Rauchmelder um eine Minderheitsmeinung handle, stimmten sie dieser wesentlich stärker zu. Nach Ende des Experimentes wurden die Teilnehmer*innen vollständig über die Fiktion dieser Theorie aufgeklärt, jedoch glaubten weiterhin 25 Prozent an die Wahrheit hinter der Rauchmelder-Verschwörung.

Diese Ergebnisse zeigen, dass Verschwörungstheorien für einige Menschen vor allem deshalb so interessant zu sein scheinen, weil sie ein Gefühl der Einzigartigkeit vermitteln, wodurch ihr Bedürfnis nach Besonderheit befriedigt werden kann. Durch ihren Glauben besitzen sie etwas Wunderbares, das sie von der üblichen Masse unterscheidet und abhebt.

WAS SOLL DAMIT ERREICHT WERDEN?

Verschwörungstheoretiker*innen verbreiten Verschwörungstheorien nicht nur aus dem Grund, weil sie selbst daran glauben. Oftmals stecken hinter ihrer Verbreitung andere Interessen, die nicht immer auf den ersten Blick ersichtlich sind. Verschwörungstheorien klingen häufig ausgedacht und ohne wirklichen Sinn, doch sie können große Auswirkungen haben.

Im Mittelalter existierten zahlreiche Verschwörungstheorien über Frauen, die viel Wissen über Kräuter hatten und mit ihnen experimentierten. Schnell wurden sie als Hexen und Zauberinnen diskreditiert und zum Beispiel für verschiedene Naturkatastrophen verantwortlich gemacht. Heutzutage werden mit Verschwörungstheorien häufig Wissenschaftler*innen angegriffen. Dann wird behauptet, dass jene mit ihren Forschungsergebnissen bestimmte Parteien oder die Interessen der Industrie unterstützen würden. Charakteristisch sind auch die Vorstellungen über angebliche Verschwörungen von Klimaschützer*innen, die in zahlreichen Foren im Internet verbreitet werden.

Verschwörungstheorien haben eine Vielzahl von Zielen, wobei man zwischen vier grundsätzlichen Funktionen unterscheiden kann.

1. Die Sinnstiftungs- und Erkenntnisfunktion

Die Sinnstiftungs- und Erkenntnisfunktion von Verschwörungstheorien hat zum Ziel, den Sinn im Leid der Welt zu erkennen. Krisen fungieren als Auslöser von Hochkonjunkturen des Verschwörungsdenkens, jedoch manifestieren sich Verschwörungsideologien lediglich in der Interpretation von Krisen, kommen im Kern aber auch ohne diese aus und können sehr wohl auch ihre eigenen Krisen konstruieren. Zweifelsohne werden jedoch nach wichtigen Ereignissen zahlreiche Verschwörungstheorien verbreitet, die man kaum überschauen kann.

Oftmals sind gesellschaftliche Zusammenhänge und Machtverhältnisse unübersichtlich und widersprüchlich. Verschwörungstheorien dienen in ihrer Funktion als Welterklärung dazu, Ereignisse eindeutig in die

Kategorien "Gut" und "Böse" einzuordnen. Dabei ist Leid als Folge von Herrschaft direkt nachvollziehbar. So ermöglichen Verschwörungstheorien den Menschen, gesellschaftliche und historische Ereignisse scheinbar sinnvoll zu deuten und die Verantwortlichen für alles, was vermeintlich schlecht und böse ist, ausfindig zu machen.

Der österreichisch-britische Philosoph Karl Popper stellte in diesem Zusammenhang eine klare Verbindung zwischen der Zuwendung zu Verschwörungstheorien und der Abkehr von Religionen her. Er vertrat den Standpunkt, dass Verschwörungstheorien eine Variante des Theismus seien. Sie seien eine Variante des Glaubens an Götter, die über alles herrschen. Nach Popper bildete sich diese Variante heraus, weil man Gott aufgegeben und anschließend die Frage danach, wer nun seinen Platz besetzt, gestellt hat. Dabei waren es mächtige Gruppen, einzelne Personen und dunkle Interessengruppen, die seinen Platz eingenommen haben. Ihnen wird nun unterstellt, dass sie all das Übel geplant haben, unter dem wir heute leiden müssen.

Verschwörungstheorien dienen einer simplen Deutung von komplexen Zusammenhängen. Sie können aber durchaus auch kompliziert sein, wenn sie scheinbar banale Ereignisse durch das aufwendige Einordnen in ein ideologisches Weltbild erklären wollen.

Beispielhaft für die Sinnstiftungs- und Erkenntnisfunktion von Verschwörungstheorien ist die Behauptung, dass die Terroranschläge vom 11. September 2001 von den USA erlaubt und selbst veranlasst wurden, weil sie zum Ziel hatten, Kriege und Einschränkungen von Bürgerrechten zu rechtfertigen. Die Wirkung der Terroranschläge wurde primär durch die mediale Verbreitung erzielt, wodurch sich Verschwörungstheorien hierzu stark auf die Berichterstattung beziehen und diese entweder umdeuten oder gar anzweifeln. Die Inszenierung des Internets als befreiendes Medium gegenüber den scheinbar geleiteten traditionellen Medien ist hierbei für die Verschwörungstheoretiker*innen von zentraler Bedeutung. Dahinter steht die Vorstellung, dass das Internet eine antagonistische Alternative zur Verschwörung der Medien ist. Somit wäre es als Geschenk der wahren Aufklärung verfügbar.

Für Verschwörungstheorien dieser Art ist der Glaube an eine Verschwörung der Massenmedien nahezu unentbehrlich. Der Historiker Daniele Ganser verbreitete zu den Terroranschlägen vom 11. September verschiedene Verschwörungstheorien. Bei einem Vortrag spielte er darauf an, dass eine Falschmeldung der öffentlich-rechtlichen Rundfunkanstalt des Vereinigten Königreichs, BBC, darauf hindeutete, dass sie mit den Verschwörer*innen zusammenarbeiten würden. Versehentlich berichtete die BBC am 11. September davon, dass das Gebäude WTC 7 eingestürzt sei, welches kurze Zeit später tatsächlich einstürzte. Daraufhin wurden Behauptungen laut, dass nach einem Drehbuch vorgegangen worden sei, jedoch nicht alle Beteiligten wussten, wann sie welchen Text aufsagen sollten.

In diesem Beispiel fungiert eine Verschwörung bzw. die Kontrolle der Massenmedien durch die Verschwörer*innen, also die Umdeutung bzw. Anzweiflung, zur Rechtfertigung der Falschmeldung. Zur selben Zeit dient die Falschmeldung, dass das Gebäude WTC 7 eingestürzt sei, auch als Beleg für die Verschwörung. Somit können Widersprüchlichkeiten aufgelöst und der eigenen Ideologie entsprechend gedeutet werden.

2. Die Identitätsfunktion

Verschwörungstheoretiker*innen zählen sich selbst, durch die eindeutige Nennung der Verantwortlichen für all das Schlechte auf dieser Welt, zu den Guten. Sie sehen sich selbst als Teil einer Elite an, der es gelungen ist, die Verschwörung zu entschlüsseln. Dadurch kann es zur Befriedigung eines Gemeinschaftsgefühls kommen, weshalb diese Funktion für Anhänger*innen von Verschwörungstheorien besonders in Zeiten der Einsamkeit erfüllt wird. Konstruiert man gemeinsam als Gruppe das Bild eines betrügerischen, skrupellosen und im Verborgenen handelnden Feindes, schafft man gleichzeitig ein idealistisches und ehrliches Bild seiner eigenen Opfergruppe. Sie zählen sich selbst zu einer unterdrückten Mehrheit, wobei der Feind eine einflussreiche Minderheit bildet.

Zudem kann der Wunsch nach Identität und Zugehörigkeit aus anderen Faktoren heraus, wie zum Beispiel als Folge einer autoritären

Erziehung, entstammen. Kinder neigen dann nämlich nicht nur eher zu Feindseligkeiten gegenüber schwächeren Minderheiten, sondern auch zum Glauben an die Existenz des Bösen in der Welt.

Die Rolle, die Verschwörungstheorien für die Konstruktion einer Gruppenidentität spielt, kann beispielhaft durch die Reaktion von Gruppen auf spezifische Medienberichte sowie Gerüchte aufgezeigt werden. Am 23. und 24. Januar 2016 gab es in mehreren deutschen Städten Demonstrationen. Diese wurden überwiegend von deutsch-russischen (Spät-) Aussiedler*innen aus dem rechten Milieu besucht und organisiert. Dabei diente das Gerücht, dass deutsche Medien die Vergewaltigung eines dreizehn Jahre alten Mädchens sowie die Flucht des Täters verschweigen würden, zur Inszenierung einer Gruppe, die sich selbst als gut integriert und vermeintlich sogar als bessere deutsche Bürger*innen betrachten.

Die Mehrheit der Demonstrant*innen bezogen die Information über eine vermeinte Vergewaltigung wahrscheinlich aus den russischen Medien, die durch verschiedene Gerüchte beweisen wollten, dass die deutschen Medien lügen würden. Den Demonstrant*innen war letztendlich gleichgültig, ob eine Vergewaltigung tatsächlich stattgefunden hat oder nicht. Vielmehr war hierbei die grundsätzliche Unzufriedenheit über scheinbar verschleierte oder nicht bestrafte Kriminalität von als ausländisch wahrgenommenen Menschen zentral. Sie selbst wollten sich ganz klar von der imaginierten Gruppe krimineller Ausländer*innen abgrenzen. Oftmals spielt dabei die persönliche Erfahrung, stigmatisiert und nicht von der Gesellschaft akzeptiert zu werden, eine Rolle.

Bei diesem Beispiel dient die Erzählung manipulierter deutscher Medien einerseits dazu, fremdenfeindliche Ablehnung zu äußern, und andererseits dazu, sich selbst in einer Gruppe zusammenzufinden und gemeinsam die eigene deutsche Identität zu akzentuieren. Außerdem dient sie dazu, sich den deutschen Bürger*innen zugehörig zu erklären, welche sonst durch "kriminelle Ausländer*innen" bedroht wären, was wiederum vermeintlich von den Medien vertuscht wird.

3. Die Manipulationsfunktion

Verschwörungstheorien lassen sich nicht nur in Gut und Böse unterscheiden. Sie grenzen auch Menschen, die an die Verschwörung glauben, von den Menschen, die noch überzeugt werden müssen, ab. Oftmals sehen sich Anhänger*innen von Verschwörungstheorien in der Pflicht, ihre Erkenntnisse über die Welt zu verbreiten, da man nur so gegen eine vermeintliche Verschwörung vorgehen kann. Indem jeder von der eigenen, verschwörungstheoretischen Wahrheit überzeugt wird, soll zwischen den Menschen eine vermeintliche Harmonie hergestellt werden.

In diesem Zusammenhang wird von Anhänger*innen von Verschwörungstheorien oftmals der Begriff Schlafschaf verwendet, der im vorangegangenen Kapitel näher beschrieben wurde. Der Begriff deutet auf die Annahme vieler Verschwörungstheoretiker*innen hin, dass sie durch das vermeintliche Erkennen der Verschwörung selbst aufgewacht seien.

Durch die Generierung von verschwörungstheoretischem Publik versuchen verschwörungstheoretische Medien auf einer anderen Ebene, ihre Produkte, durch die Nutzung von Spekulationen und verschwörungstheoretischen Erzählungen, zu verkaufen. Dadurch entsteht das sogenannte Geschäftsmodell einer **Verschwörungsindustrie**. Der Terminus der Verschwörungsindustrie verdeutlicht den Gedanken hinter der Verknüpfung bestimmter Ziele und den Vorteilen ökonomischer Art. Denn damit steht hinter der Generierung und Publikation einer Verschwörungstheorie nicht mehr nur eine sonst interesselose Wahrheitsfrage. Eine Komponente dieses Geschäftsmodells ist beispielsweise das Schüren von Angst bezüglich bestimmter Ereignisse, die von Verschwörer*innen angeblich geplant werden. Auch etablierte Medien nutzen Berichte über Verschwörungstheorien, um immer wieder Aufmerksamkeit und Anteile zu generieren. Der Wahrheitsgehalt mag in den meisten Fällen zwar widerrufen werden, jedoch bleibt eine gewisse Faszination über eine geheime Verschwörung ohne Zweifel weiter bestehen. Die Diskreditierung von Mainstreammedien ist dabei für verschwörungstheoretische Alternativmedien nicht nur ein wesentliches Mittel zur Selbstinszenierung, sondern auch zur Steigerung ihrer Glaubwürdigkeit. Letztendlich hoffen auch sie nur auf mehr Reichweite und damit einhergehendem Profit.

Der bereits erwähnte Historiker Daniele Ganser forderte zum Beispiel immer wieder dazu auf, seinen Artikel bei Wikipedia, in dem er als Verschwörungstheoretiker bezeichnet wurde, zu korrigieren. Ganser selbst betrachtete diese Behauptung als Diffamierungs- und Verleumdungsversuch. Zudem deutete er immer wieder an, dass die CIA dafür verantwortlich sei. Nach seinem Vorwurf der Manipulation Wikipedia gegenüber rief er also selbst zur Manipulation in seinem Sinne auf. Die Verleumdung seiner Person nutzte er weiterhin als weiteren Beleg dafür, dass seine Thesen zu den Anschlägen vom 11. September Wahrheitsgehalt haben müssten. Denn sonst würden vermeintlich mächtige Kräfte nicht versuchen, ihn diskreditieren und die Verbreitung seiner Meinung verhindern zu wollen. Die Nutzer*innen, die vergeblich versuchten, den Artikel im Sinne Daniele Gansers abzuändern, würden dieselbe Erfahrung machen.

In der Szene gibt es aber auch modernere Methoden, um die eigenen Produkte zu vermarkten und letztendlich zu verkaufen. Attila Hildmann verzeichnet in seiner Telegram-Gruppe Tausende von Follower*innen, denen er nicht nur seine Botschaften mitteilt, sondern diese auch, beispielsweise für seinen Nutella-Ersatz, umwirbt. Natürlich schenkt der Influencer seinen Anhänger*innen großzügige 5 Euro auf ihre erste Bestellung. Bei seinen Auftritten trinkt Hildmann dann gerne mal einen seiner eigens produzierten Energydrinks und trägt einen Pullover, auf dem das Logo des Getränks abgebildet ist.

4. Die Legitimationsfunktion

Schon immer dienten Verschwörungstheorien der Erhaltung von Herrschaft sowie der Erklärung von Gewalttaten, Diskriminierungen und sogar Mord und Ausrottung. Verschwörungstheorien werden von den verschiedensten Gruppen für ihre persönlichen Absichten instrumentalisiert, wobei der Gegenstand des verschwörungstheoretischen Weltbildes das Abbild einer harmonischen und natürlichen Gesellschaft ist, die durch eine Minderheit systematisch beeinträchtigt wird. Da scheint es doch legitim, Gewalt gegen die vermeintlichen Verschwörer*innen anzuwenden, um den Zustand der Harmonie wieder herzustellen.

Nicht selten werden Journalist*innen und Redaktionen von Anhänger*innen von Verschwörungstheorien als Vertreter*innen der "Lügenpresse" angegriffen und ausgeschlossen. Fast immer kommt es dabei auf Demonstrationen, Gegendemonstrationen oder bei Kundgebungen rechtsradikaler Gruppen zu Gewalttaten gegenüber Journalist*innen. Damit einher gehen oftmals verbale Aufforderungen und die Legitimation ihrer Gewalttaten. Meistens sind jene Journalist*innen Opfer der Angriffe, die als solche leicht identifizierbar sind und von den Täter*innen pauschal und symbolhaft für die verunglimpfte Lügenpresse stehen.

POLITISCHE MOTIVATIONEN

Oftmals stehen Verschwörungstheorien im Zusammenhang mit politischen Geschehnissen, weil sie die Wahrnehmung der Bevölkerung auf politische Akteur*innen prägen. Da der eigene Einfluss auf das politische Geschehen als machtlos empfunden wird, beeinflussen sie insbesondere im demokratischen Kontext das Vertrauen in die Politik. Ein entsprechender Effekt konnte in den USA gezeigt werden, nachdem die Regierung um Donald Trump in das Weiße Haus eingezogen war. Unter den Liberalen wurden damals vermehrt Gerüchte sowie die Befürwortung von Versicherungstheorien verbreitet. Umgekehrt verhielt sich der entsprechende Effekt bei der früheren US-Präsidentenwahl, als die Demokraten mit Barack Obama die Regierung bildeten, nur dass dort Gerüchte und Befürwortungen aufseiten der Republikaner*innen entstanden.

Bereits während des Wahlkampfes zwischen Trump und Clinton gab es eine Vielzahl unterschiedlicher Verschwörungstheorien. Unter anderem hieß es, dass die russische Regierung die E-Mails von Clinton hacken würde, um somit Trump zum Sieg zu verhelfen. Die Zustimmung zu dieser Theorie hängt, laut mehreren Umfragen, von der politischen Einstellung der befragten Personen ab. Währenddessen etwa 90 % aller

Clinton-Anhänger*innen die These befürworteten, lehnten rund 80 % der Befürworter*innen Trumps diese ab.

Der Radiojournalist des Deutschlandfunks, Maximilian Rieger, war im Jahr 2016 zur Präsidentschaftswahl in Washington vor Ort. Über die damalige Situation in den USA sagte er, dass viele Amerikaner*innen den Eindruck hatten, dass Hillary Clinton auf eine gewisse Art und Weise unehrlich ist. Die publizierten E-Mails verstärkten dieses Bild Clintons dann noch mal enorm. Laut Rieger sei dabei zum Beispiel die Pizzagate-Verschwörung nur ein kleines Stück des Puzzles gewesen. Doch die Summe aller Teile erweckte bei vielen Menschen den Eindruck, dass man den Clintons auf jeden Fall misstrauen sollte und dass sie vielleicht sogar kriminell sind. Auch Donald Trump verbreitete damals die Erzählung, dass Hillary Clinton nach der Wahl ins Gefängnis müsste. Rieger bestätigte, dass Trumps Narrativ in die Stimmung der Wahl passte. Viele Menschen glaubten der Behauptung, dass Clinton in einem Keller einer Pizzeria einen pädophilen Kinderring leiten würde. Denn wenn so viele Dinge möglich sind, dann könnte doch auch diese Vermutung wahr sein.

Bislang hat sich die psychologische Forschung nur bedingt mit dem Zusammenhang zwischen der individuellen Ausprägung von verschwörungstheoretischen Mentalitäten in der allgemeinen Bevölkerung und der politischen Ausrichtung befasst. Empirische Studien konnten jedoch aufzeigen, dass sehr wohl ein Zusammenhang zwischen persönlichem Verschwörungsglauben und der politischen Orientierung besteht. Unabhängig davon, ob man dabei vermehrt das linke oder das rechte Lager betrachtet, kann mit dem Glauben an simple politische Lösungen die Wechselwirkung von verschwörerischem Glauben und extremer politischer Ideologie erklärt werden. Des Weiteren thematisieren viele Verschwörungstheorien politisch sehr relevante Thematiken. Das ist insbesondere dann der Fall, wenn es um komplexe Probleme geht, die bislang nur wenig erforscht sind.

Verschwörungstheorien können wirkungsvolle Radikalisierungsverstärker sein. Das Ausmaß einer Verschwörungstheorie wird dann im schlimmsten Fall apokalyptisch wahrgenommen.

Meistens wird anschließend eine erhebliche Reaktion, zum Beispiel ein Terroranschlag, als notwendig empfunden. Den Sinn solcher Handlungen sehen Forscher*innen darin begründet, dass die Akteur*innen die Mehrheit der Bevölkerung aufwecken möchten.

Ob Verschwörungsglauben zu einem Anstieg politischer Partizipation geführt hat oder nicht, ist bislang jedoch noch nicht vollständig bewiesen. Nichtsdestotrotz konnten empirische Studien einen Zusammenhang zwischen dem Verschwörungsglauben und der Verleugnung von wissenschaftlichen Erkenntnissen nachweisen.

Der politische Einfluss von Verschwörungstheorien auf aktuelle populistische Bewegungen ist problematisch. Glauben Anhänger*innen von Verschwörungstheorien zum Beispiel, dass alle etablierten Politiker*innen gemeinsam Geschäfte machen, bleiben nur zwei Optionen: Entweder gehen sie nicht mehr wählen oder aber sie schenken ihre Stimme den Menschen, die sie als wahre Alternative ansehen. Ohne Zweifel führt der Zulauf populistischer Bewegungen den öffentlichen Diskurs in eine gefährliche Richtung.

Verschwörungstheorien sind ein bewährtes Mittel politischer Propaganda und Desinformation. Bereits im 18. Jahrhundert, während der Französischen Revolution, rechtfertigten Verschwörungstheorien der Jakobiner die Ermordung politischer Gegner*innen durch die Guillotine. Ein weiteres Beispiel für die politische Motivation von Verschwörungstheorien ist die Dolchstoßlegende. Sie wurde in deutschnationalen und völkischen Gruppen am Ende des Ersten Weltkrieges verbreitet. Angeblich waren damals Juden, Sozialdemokrat*innen und andere Demokrat*innen aufgrund eines Verrates von hinten für die Kriegsniederlage der Deutschen verantwortlich. Diese Verschwörungstheorie fungierte damals, neben anderen jüdischen Weltverschwörungen, als Wegbereiter für die Nationalsozialist*innen.

Blickt man in den heutigen Zeiten der *Fake News* auf die aktuelle Politik, scheint es, als würden Verschwörungstheorien zur Tagesordnung gehören. Insbesondere autoritäre Staaten setzen, zur Gewähr–leistung innerer Stabilität, vorzugsweise auf Verschwörungstheorien. Sie kennzeichnen die Außenwelt als bedrohlich, da diese von bösen Mächten mit dunklen Absichten beherrscht wird. Auf der anderen Seite steht der Staat, der sich in den Augen der Verschwörer*innen als Retter ausgibt. Im Austausch für bedingungslose Gehorsamkeit bietet er Verstand, Sicherheit und Vergeltung. Der Glaube an antirussische Verschwörungen des Westens gehört in Russland beispielsweise zum Mehrheitsgedanken. Unterstützung findet diese Verschwörungstheorie bei kremltreuen Historiker*innen, Politikberater*innen und Journalist*innen. Auch in der Türkei sind ähnliche Parallelen zu beobachten, denn auch dort wurden bereits Vermutungen einer Verschwörung des Westens geäußert. Nach Ansicht des Präsidenten Erdoğan seien zum Beispiel für den gescheiterten Militärputsch im Jahre 2016 das FBI sowie die CIA verantwortlich gewesen.

Mythen über Verschwörungstheorien werden häufig anonym in den Umlauf gebracht, wobei das Internet eine sehr große Hilfe ist. Problematisch wird es in jedem Fall dann, wenn Verschwörungsmythen für politische Zwecke und Absichten eingesetzt werden.

Fallbeispiel QAnon

Auf einen Blick:

- QAnon ist eine im Netz entstandene Bewegung. Sie begann im Oktober 2017, als ein anonymer User namens "Q" einen kryptischen Text auf der Website 4chan postete.
- Fast immer setzen sich die Texte aus Fragen oder einzelnen Satzfetzen zusammen, deren Hauptthema der Mythos um eine dunkle und im Geheimen agierende Elite ist, welche die USA anhand des **deep states** (tiefen Staates) unter Kontrolle gebracht haben soll.

QAnon ist weder eine feste Struktur noch eine Organisation. Vielmehr ist es eine Bewegung, eine Legende, die im Netz entstanden und sukzessiv auch in der realen Welt sichtbar wurde. Verbreitet ist die QAnon-Bewegung insbesondere in den USA, wobei sie inzwischen auch in Deutschland Fuß gefasst hat. Gegen Ende des Jahres 2017 erschien auf dem für extremistische

Posts bekannten Diskussionskanal der Seite 4chan ein anonymer und kryptischer Text. Eine Aussage des Textes behauptete, dass Hillary Clinton bald verhaftet werden würde. Der Text hätte kaum Beachtung gefunden, wenn sich nicht ein YouTuber und zwei Moderatoren der 4chan-Website zusammengetan und eine Legende um diesen sowie nachfolgende Texte gestrickt hätten. Sie behaupteten, dass der*die Autor*in des Textes die höchste nichtmilitärische US-Sicherheitsstufe "Q" und damit Zugang zu den nuklearen Geheimnissen des Landes hätte. Damit war der QAnon-Mythos geboren.

Wie viele Menschen hinter dem Netzwerk stecken, ist nicht bekannt. Genauso wenig nachweisbar ist auch, wer den entsprechenden ersten Text verfasst und ob die nachfolgenden Posts von ein und derselben Person bzw. Gruppe stammen. Denn auf der 4chan-Website herrscht keine Registrierungspflicht und deshalb absolute Anonymität. Einige Menschen glauben, dass die drei Menschen, die die QAnon-Theorie öffentlich und somit bekannt machten, diese unterstützen würden, um ihren eigenen Lebensunterhalt zu verdienen. Andere Menschen behaupten sogar, dass sie die ursprünglichen Verfasser*innen der Beiträge sind.

Obwohl die Identität des*der Autors*in bzw. der Autor*innen unbekannt ist, ist die Historie der Verbreitung ausführlich verzeichnet. Die Verschwörungstheorie hat sich nicht nur durch etliche Videos auf YouTube,

Reddit-Archiven und Beiträgen in den sozialen Medien verbreitet, sondern auch durch öffentliche Aufzeichnungen, die von den NBC News gegengeprüft wurden.

Die Texte der QAnonverschwörung werden **Q-Drops** genannt. Oftmals sind diese kryptisch oder komplett unverständlich. Meistens setzen sie sich aus Fragen oder Satzfetzen zusammen, deren Hauptthema durchgängig der Mythos um eine dunkle und im Geheimen agierende Elite ist, welche die USA anhand des **deep states** (tiefen Staates) unter Kontrolle gebracht haben soll. Den vermeintlich schuldigen Personen aus den Bereichen Medien, Unterhaltung oder Politik werden sadistische, satanistische sowie pädophile Handlungen unterstellt. So sollen sie in unterirdischen Kellern mehrere Kinder eingesperrt haben, um sie sexuell zu missbrauchen und aus ihnen das körpereigene Stoffwechselprodukt Adrenochrom zu gewinnen, um sich so jung zu halten oder high zu werden. Über Donald Trump wird berichtet, dass er der Auserwählte sei, der zur Wahl angetreten ist, um dieser Verschwörung ein Ende zu setzen, die Opfer zu befreien und die Verschwörer*innen zur Verantwortung zu ziehen. Im Zentrum der Verschwörungen stehen unter anderem Barack Obama, Hillary Clinton und George Soros.

Die Verschwörungstheorie um QAnon ist nicht mehr nur Theorie, sondern wird auch immer mehr im realen Leben mit Gewalt in Verbindung gebracht. Inzwischen gibt es in YouTube-Videos, in Foren und auf anderen persönlichen Seiten Unmengen an Kommentator*innen, die die Posts von "Q" untersuchen. Zunächst wurde die Verschwörungstheorie um QAnon nur von wenigen Menschen vertreten. Sie schlossen sich zusammen, um Diskussionen über die Posts zu entfachen und somit der Theorie letzten Endes eine viel größere Plattform zu ermöglichen. In der Verbreitung von QAnon sowie zum finanziellen Gewinn hat sich diese Theorie nämlich als erfolgreicher Schlüssel erwiesen.

Auch wenn die QAnon-Bewegung bizarre Verschwörungsmythen verbreitet, ist sie ohne Zweifel einfluss- und erfolgreich. Die Erzählung rund um QAnon bedient sich dabei zwar aller wichtiger Faktoren des Verschwörungsmythos, weist jedoch auch viele Merkmale einer Sekte auf. Zum einen liefert sie universelle Erklärungsmodelle und eindeutige Feindbilder, zum anderen vermittelt sie ihren Anhänger*innen aber auch das Gefühl, Teil einer Elite zu sein, die für das Gute kämpft und über Geheimwissen verfügt. Sie leugnet die Existenz von komplexen Zusammenhängen und Zufällen und Gegenbeweise sind für sie unmöglich. Wer nur den kleinsten Zweifel äußert oder der QAnon-Erzählung in kleinster Weise widerspricht, wird zum Feind. Expert*innen sehen aus diesen Gründen sektenähnliche Strukturen in der QAnon-Bewegung. Außerdem weist die QAnon-Legende klare Bezüge zu religiösen und apokalyptischen Motiven auf und knüpft an bestehende Abneigungen aus der Vergangenheit an. Dabei fallen vermehrt antisemitische Konnotationen und Muster auf, die immer wieder deutlich zu erkennen sind.

DAS GESCHÄFT MIT DER ANGST

Verschwörungstheorien sind ein lukratives Geschäftsmodell, hinter dem finanzielle Interessen stecken. Dabei läuft das Geschäft mit dem Schutz vor geheimen und mächtigen Bündnissen unglaublich gut. Wann auch immer irgendwo auf der Welt ein Anschlag verübt wird, findet man kurze Zeit später auf YouTube zahlreiche Videos dazu, in denen verschiedenste Verschwörungstheorien aufgegriffen und verbreitet werden. Das Ziel der Macher*innen ist es, so viele Klicks wie möglich und damit auch Werbeeinnahmen zu generieren.

Auf YouTube sind zum Beispiel Unmengen an Videos zum US-Wahlkampf zu finden, in denen behauptet wird, dass Hillary Clinton damals durch eine Doppelgängerin ersetzt wurde, weil sie krank war. In einigen Videos wird sogar behauptet, dass sie verstorben sei und deswegen ersetzt werden musste. Diese Videos, die in wenigen Stunden produziert und geschnitten sind, verzeichnen Tausende, wenn nicht sogar Millionen von Klicks. Eine grobe Hochrechnung lässt vermuten, wie viel Umsatz diese Klicks einbringen, selbst wenn pro Klick nur wenig Profit abfällt.

Auch TV-Serien kommen heutzutage kaum noch ohne verschwörerischen Plot aus. Selbst andere Formen der kommerziellen Ausschlachtung von Verschwörungstheorien lassen die Kassen klingeln. Abhängig davon, was man alles zusammenrechnet, ergibt die Summe einen Milliardenmarkt.

Neben YouTube-Videos und TV-Serien bringen auch andere Dinge wie Filme, Bücher, Kleidung, angebliche Wunderheilmittel, Sticker gegen die schädliche 5G-Strahlung oder Survival-Kits Unsummen an Geld ein. Der deutsche Arzt Sucharit Bhakdi wurde zu Beginn der Corona-Pandemie mit seinen Videos bekannt, in denen er abstruse Thesen zum Virus verbreitete. Kurze Zeit später brachte er ein kurzes Buch auf den Markt, das schnell zum Bestseller mutierte. Auch der US-amerikanische Verschwörungserzähler Alex Jones ist auf kommerzieller Ebene sehr erfolgreich. Der Betreiber des Portals Infowars tobt in seinen Radiosendungen, wenn er über Verschwörungsmythen aller Art redet. Sobald sein Mikrofon ausgeschaltet ist, ist Jones ein Geschäftsmann, der nicht nur unterschiedlichste Merchandise-Artikel, sondern auch sogenannte Brain-Force-Plus-Tabletten und Potenzmittel verkauft, die gegen die angeblich ins Trinkwasser gemischten Gifte wirksam sein sollen.

Oftmals wird gezielt mit der Angst und der Unsicherheit der Menschen gearbeitet, um Millionen zu verdienen, und das Geschäft mit der Angst boomt. Das durchdachte Geschäftsmodell hinter Verschwörungstheorien lebt davon, dass Angst erzeugt wird. Deshalb werden sofort Produkte angeboten, die die Angst vermeintlich lindern können.

Dabei ist es nicht nur der Produktverkauf, der viel Geld einbringt, sondern auch die auf Verschwörungsseiten publizierte Werbung. Eine Untersuchung des Global Desinformation Index fand heraus, dass jährlich rund 235 Millionen US-Dollar durch Werbung auf Falschmeldungswebseiten generiert wird. Seit Beginn der Pandemie ist diese Tendenz steigend und die Dunkelziffer ist wahrscheinlich noch viel höher.

Der womöglich einfachste Weg, um mit Verschwörungstheorien Geld zu verdienen, sind Spenden. Dem österreichischen Arzt Dr. Peer Eifler wurde ein Berufsverbot ausgesprochen, nachdem er Maskenverweiger*innen Online-Atteste ausgestellt hatte. Im Anschluss startete er eine Fundraising-Kampagne, bei der mehrere Tausende Euro zusammengekommen sind. Doch nicht nur online trifft man immer wieder auf Spendenaufrufe. Personen, die sich als Führungskräfte herausstellen, werden immer öfter auf Demonstrationen Bühnen geboten und diese

Demos sind große Werbeveranstaltungen. Selbst Busunternehmen verdienen mittlerweile gutes Geld damit, Busfahrten zu Demonstrationen anzubieten.

Wie viel Geld genau durch das Geschäftsmodell Verschwörungstheorie generiert wird, ist nur schwer einzuschätzen. Viele Einnahmen geschehen über Schwarzarbeit oder über nur schwer verfolgbare Kryptowährungen. Demnach ist es schlichtweg unmöglich, diese Branche einzuschätzen. Natürlich ist jeder Mensch frei in der Entscheidung, was er mit seinem Geld machen möchte. Doch das Geschäft wird zum Problem, sobald man tief in die Schulden sinkt. Denn es gibt einige esoterische Geräte, die zum einen eine drastische Verbesserung der Lebensqualität versprechen, zum anderen aber zehntausende Euros kosten. Darüber hinaus wird das Geschäft mit den Verschwörungstheorien (lebens-) gefährlich, sobald manche Menschen wichtige medizinische Behandlungen verweigern, weil sie in dem Glauben leben, dass es ein esoterisches Alternativprodukt geben würde, dass die Krankheit viel besser heilen wird.

Trotz der hohen Einnahmesummen und der vielen Einnahmequellen behauptet die Verschwörungsszene, dass sie nicht aus finanziellem Interesse handle. Vielmehr sollen weitaus größere Ziele, wie die Aufdeckung der vermeintlichen Wahrheit, der Grund für das Geschäft sein. Es ist nur schwer zu beurteilen, ob Anhänger*innen von Verschwörungstheorien und solche, die diese verbreiten, auch selbst daran glauben oder ob sie einzig und allein aus finanziellem Interesse handeln. Sicherlich gibt es Menschen, die tatsächlich an die Verschwörungstheorien glauben, doch gerade die Menschen, die viel Content produzieren, handeln wahrscheinlich rein aus finanziellem Interesse.

VERSCHWÖRUNGSTHEORIEN & ANTISEMITISMUS

Zwar sind nicht alle Verschwörungstheorien antisemitisch und zielen auf Juden ab, jedoch sind Juden ohne Zweifel bereits seit Jahrhunderten die Zielscheibe von verschwörungstheoretischem Gedankengut. So wurden Juden zum Beispiel zu Unrecht für Kriege, Weltwirtschaftskrisen oder Seuchen verantwortlich gemacht. Die Unterstellung, dass Juden die Medien, die Politik sowie die Banken instrumentalisieren würden, gehört dabei wohl zu den gängigsten antisemitischen Mustern. Trotz zahlreicher historischer Gegenbelege in großem Umfang gibt es immer noch einige Antisemit*innen, die behaupten, dass die Juden den Holocaust verursacht hätten oder dass dieser in Wahrheit nie stattgefunden hat.

Verschwörungstheoretische Vorwürfe gegenüber den Juden gehen bis ins Mittelalter zurück. Um 1150 wurde ein kleiner Junge ermordet, dessen Tod ungeklärt blieb. Kurze Zeit später tauchten jedoch Gerüchte auf, dass der Junge einer Ritualmordlegende zum Opfer fiel und durch Juden ermordet wurde. Diese Theorie entwickelte sich zum Nährboden nachfolgender Anschuldigungen. Im 13. Jahrhundert wurde behauptet, dass die Christen durch die Juden in Ritualmorden getötet werden und das Blut der Opfer an alle jüdischen Gemeinden verschenkt werde. Als die Pest im 14. Jahrhundert ausbrach, wurde den Juden unterstellt, dass sie die Brunnen vergiftet hätten und die christlichen Hostien entwürdigen würden. Die mittelalterliche Bevölkerung war darüber verwundert, dass die Pest in den jüdischen Stadtvierteln nicht so stark wütete, was jedoch lediglich der Brunnentiefe geschuldet war. Denn sie mussten, aufgrund von religiösen Reinheitsgeboten, ihre Brunnen besonders tief bauen. Dadurch kamen die Brunnen in den jüdischen Stadtvierteln gar nicht erst mit dem Oberflächenwasser in Berührung, welches durch die Pesterreger verseucht wurde. Unter Folter wurden die Juden gezwungen, Geständnisse abzulegen, die ihre angeblichen verbrecherischen Taten belegen sollten. Die Anschuldigungen führten im Laufe des 14. Jahr–

hunderts dazu, dass sich die Verschwörungsszenarien, die den heutigen modernen Verschwörungstheorien stark ähneln, verdichtet haben.

In der Frühen Neuzeit spielten Verschwörungstheorien über Juden jedoch keine allzu große Rolle, weil durch die Reformation andere Feindbilder an Wichtigkeit gewannen. Verschwörungsvorwürfe wurden erst wieder im Verlauf des 19. Jahrhunderts populärer. Die konservativen Verschwörungstheoretiker*innen, die den Illuminaten und Freimaurern unterstellten, die Französische Revolution orchestriert zu haben, erhoben nun auch ähnliche Anschuldigungen gegenüber den Juden. Dabei ging man oftmals von einem geheimen Bündnis zwischen den Juden und den vermeintlich einflussreichen Freimaurern aus. Unterstellungen dieser Behauptung sind heutzutage immer noch in den Protokollen der Weisen von Zion wiederzufinden. Die Protokolle sind ein gefälschtes, antisemitisches Pamphlet, das den einflussreichsten Text zur jüdischen Weltverschwörung beinhaltet und erstmalig im Jahre 1903 publiziert wurde. Die Autorschaft der Protokolle ist bis heute ungeklärt. Sie geben vor, authentische Dokumente eines angeblichen Treffens der Führer des Weltjudentums zu sein, bei denen über die Übernahme der Weltherrschaft offen diskutiert worden sei.

Obwohl die Protokolle der Weisen von Zion eine Fälschung sind, entfalteten sie eine schreckliche Wirkung. Sie tauchten niemals isoliert, sondern immer im Zusammenhang mit anderen Texten auf, wodurch ihre Wirkmächtigkeit weniger im Haupttext begründet liegt, sondern vielmehr in den Kommentaren, Begleittexten und Vorworten, die ständig Verknüpfungen zu aktuellen Ereignissen herstellen. Insbesondere die Nationalsozialist*innen nutzten die Protokolle für ihre Propaganda, wobei die antisemitische Verschwörungstheorie nach 1933 zur offiziellen Staatsideologie ernannt wurde. Die NS-Propaganda legitimierte ihre eigenen antisemitischen Maßnahmen durch die ständige Verbreitung der Schriften. Ohne den Mythos der jüdischen Weltverschwörung wäre der Genozid an den europäischen Juden niemals möglich gewesen.

Seit 1945 ist der traditionelle Antisemitismus, aufgrund des Holocausts, gesellschaftlich nicht mehr akzeptiert. Im öffentlichen Diskurs ist für expliziten und extremen Antisemitismus kein Platz mehr. Antisemitische Äußerungen treffen in der Regel auf starke Kritik und werden sanktioniert. Das Gleiche trifft auch auf Verschwörungstheorien zu, die ab den späten 1950er-Jahren in der westlichen Welt stigmatisiert wurden. Wurden sie vom Spätmittelalter bis zur Hälfte des 20. Jahrhunderts noch gesellschaftlich akzeptiert und als orthodoxes Wissen angesehen, entwickelten sie sich in den späten 1950er-Jahren zu einer verbotenen, heterodoxen Wissensform. Das heißt jedoch nicht, dass sie ihre Popularität vollständig verloren haben oder dass sie nicht mehr verbreitet wurden. Es bedeutet lediglich, dass sie aus der Mitte der Gesellschaft verschwanden und nur noch in Subkulturen und Gegenöffentlichkeiten prosperierten.

Verschiedene Studien zeigen, dass in Deutschland vor allem der sogenannte sekundäre Antisemitismus verbreitet ist und sich in den letzten Jahren großer Beliebtheit erfreut. Der sekundäre Antisemitismus ist nicht unproblematischer und zweitrangiger als der traditionelle Anti–semitismus. Der Terminus sekundär bezieht sich hierbei lediglich auf den Antisemitismus nach Auschwitz. Die sekundäre Form des Antisemitismus drückt sich in chiffrierten Codes und Anspielungen aus, anstatt pauschal die Juden zu beschuldigen. Daher ist es nicht überraschend, dass auch in den gegenwärtigen Verschwörungstheorien Codes des sekundären Antisemitismus auftauchen. Der schnelle Aufstieg des französischen Präsidenten Emmanuel Macron wird zum Beispiel durch antisemitische Codes erklärt. So heißt es, dass er eine "Marionette der Rothschilds" sei, die hierbei als Platzhalter der Juden fungieren. Außerdem ist auch das bekannte Bild der Krake, die mit ihren Tentakeln die Welt umspannt, eine Chiffre, die an die antisemitische Propaganda der Nationalsozialist*innen anknüpft. Zudem sind jegliche Verweise auf die mysteriöse Ostküstenelite Codes des sekundären Antisemitismus.

Es muss jedoch auch ganz klar hervorgehoben werden, dass nicht jede Bezeichnung für eine Gruppe ein kodierter, verschwörungstheoretischer Verweis auf die Juden ist. Wer jede Bezeichnung als Code oder Chiffre interpretiert, verkennt die Stoßrichtung vieler verschwörungstheoretischer Theorien und nimmt darüber hinaus die Logik des Verschwörungsdenkens selbst an. Denn dieses geht von der Annahme aus, dass in Wirklichkeit nichts so ist, wie es scheint.

Die Problematik bei der Analyse von zeitgenössischen Verschwörungstheorien ist daher die Entscheidung, welche Bezeichnungen als antisemitische Codes verstanden werden und welche eigentlich gar keine sind. Natürlich gibt es, neben eindeutigen Beispielen, immer auch Graubereiche, in denen die Intention nicht eindeutig erkennbar ist.

Die im Vorfeld bereits analysierte Verschwörungstheorie QAnon ist beispielsweise eindeutig antisemitisch. "Q" identifiziert in seinen Texten immer wieder die Juden als Verschwörer*innen. Zudem finden sich in den Anschuldigungen, dass die Verschwörer*innen den Stoff Adrenochrom aus dem Blut der Kinder gewinnen würden, Parallelen und Motive aus der antijüdischen Ritualmordlegende des Mittelalters wieder.

Auch wenn der Antisemitismus sowie der sekundäre Antisemitismus in Deutschland bedauerlicherweise sehr weitverbreitet sind, sind nicht alle Verschwörungstheorien automatisch antisemitisch. Eher ist der gegenwärtige Antisemitismus immer konspirationistisch (verschwörungstheoretisch) aufgeladen. Aufgrund der deutschen Geschichte ist der Vorwurf des Antisemitismus hierzulande noch stigmatisierender als der Vorwurf nach der Verbreitung von Verschwörungstheorien.

Die Welt der Verschwörungstheorien

INSZENIERTE MONDLANDUNG

Das Wichtigste auf einen Blick:

• Am 21. Juli 1969 sahen bzw. hörten mehr als 500 Millionen Menschen live, wie Neil Armstrong als erster Mensch der Welt den Mond betrat.

• Die Mondlandung ist eines der größten Ereignisse der Menschheitsgeschichte.

• Der Mond ist bis dato der einzige Himmelskörper, der jemals von Menschen betreten wurde.

• Der Flug der „Apollo 11"-Mission sowie die Landung auf dem Mond stehen im Mittelpunkt einer langjährigen Verschwörungstheorie. Die Menschen seien scheinbar gar nicht auf dem Mond gewesen, denn die Mondlandung wurde angeblich in einem Fernsehstudio inszeniert.

• Die Zweifel an der Wahrheit der Mondlandung gehen auf das Buch des Amerikaners Bill Kaysing aus dem Jahr 1976 zurück.

Die angeblich inszenierte Mondlandung ist die Mutter aller Verschwörungstheorien, die es bereits lange Zeit vor dem Internet gab. Sie behauptet, dass die **erste bemannte Mondlandung** sowie alle **weiteren fünf Mondlandungen** in den Jahren **1969–1972** nie stattgefunden haben. Stattdessen wird behauptet, dass die **NASA** und die **US-amerikanische Regierung** diese vorgetäuscht hätten. Der wohl am häufigsten geäußerte Beleg für diese Theorie sei der, dass die Technik der 1960er-Jahre noch nicht ausreichend fortgeschritten war, um eine tatsächliche Mondlandung zu ermöglichen. In Wahrheit sei ein Filmstudio auf der **Militärbasis Area 51** errichtet worden, um die Szenen der Mondlandung aufzunehmen.

Die erste bemannte Mondlandung ist ein großes historisches Ereignis, welches bis heute als beeindruckende menschliche Leistung gilt. Am **20. Juli 1969** traf die Landefähre **„Eagle"** mit den Astronauten **Neil Armstrong**, **Buzz Aldrin** und **Michael Collins** auf dem Mond auf. Gerade noch rechtzeitig kamen die Astronauten um 21.17 Uhr deutscher Zeit an, denn ihr Treibstoff war bereits knapp geworden. Außerdem spielte der Bordcomputer der Fähre kurze Zeit vor der Landung verrückt, wodurch der

Landeversuch beinahe abgebrochen werden musste. Einige Stunden nach der Landung betrat **Neil Armstrong** am 21. Juli 1969 um 03.56 Uhr deutscher Zeit als erster Mensch der Welt den Mond. Dabei gilt das tatsächliche Datum der Mondlandung als umstritten. Als Armstrong seinen Fuß auf die Oberfläche des Mondes setzte, war in der Zeitzone, die auf dem Mond gilt („Coordinated Universal Time" (UTC)) bereits der 21. Juli 1969 angebrochen und die Uhr schlug 02.54 Uhr. In den USA war es jedoch noch später Abend. Aus diesem Grund fand die erste Mondlandung genau genommen in den frühen Stunden des **21. Juli 1969** statt. Doch auch fünfzig Jahre später gilt der 20. Juli 1969 als der Tag der ersten Mondlandung in den USA.

Menschen aus allen Ländern der Welt saßen gebannt vor dem Fernseher, um die Mondlandung live zu verfolgen. Schätzungsweise verfolgten rund 500 bis 600 Millionen Menschen das historische Ereignis. In Deutschland wurde die Mondlandung von der ARD und dem ZDF in Sondersendungen gezeigt und auch das Radio nahm live am Ereignis teil, als man Armstrongs berühmte Worte **„That's one small step for man, one giant leap for mankind"** (auf Deutsch: „Das ist ein kleiner Schritt für die Menschen, ein riesiger Sprung für die Menschheit") hörte.

Der damalige US-Präsident John F. Kennedy erklärte in einer Rede im Mai 1961, dass die USA einen Mann auf dem Mond landen und ihn auch wieder sicher zur Erde zurückbringen wollen, bevor das Jahrzehnt endet. Ein Jahr später hielt Kennedy erneut eine Rede, in der er die Amerikaner*innen auf die „Apollo"-Mission einschwor. Er sagte: „We choose to go to the moon in this decade and do the other things [...] not because they are easy, but because they are hard" (auf Deutsch: „Wir haben entschieden, in diesem Jahrzehnt zum Mond zu fliegen und die anderen Dinge zu tun, nicht weil sie einfach sind, sondern weil sie schwer sind").

Das Ziel der „Apollo 11" war in erster Linie, die Worte Kennedys aus dem Jahr 1961 wahr werden zu lassen. Außerdem erhoffte man sich, den Mond durch die Mission wissenschaftlich zu erkunden, mehrere wissenschaftliche Experimente und eine Fernsehkamera aufzustellen, um mit dieser Signale zur Erde zu schicken. Hierfür sollten die Astronauten verschiedene Fotografien der Mondoberfläche erstellen und Mondgestein sammeln. Und natürlich stellten sie auch die US-Flagge auf dem Mond auf.

Die „Apollo 11"-Crew setzte sich aus dem Commander Neil Armstrong, dem Landemodul-Pilot Buzz Aldrin und dem Kommandomodul-Piloten Michael Collins zusammen. Armstrong und Aldrin stiegen gemeinsam im Landemodul „Eagle" auf die Mondoberfläche hinab. Collins blieb jedoch im Modul „Columbia" in der Mondumlaufbahn zurück. Die Astronauten James Lovell, William Anders und Fred Haise zählten zur damaligen Backup-Crew, wobei Lovell und Anders bereits bei „Apollo 8" mit an Bord waren und als erste Astronauten zum Mond flogen. Von ihnen stammt das berühmte „Earthrise"-Bild.

Zwischen 1969 und 1972 fanden insgesamt sechs bemannte „Apollo"-Missionen statt. Dabei betraten zwölf US-amerikanische Astronauten den Mond. Sie alle ließen mehrere Mondfahrzeuge, Fernsehkameras, Linsen, Flaggen, zwei Golfbälle und einen Laserspiegel, der zur exakten Messung der Entfernung zwischen Mond und Erde genutzt wird, zurück.

Die Rückkehr der **„Apollo 17"** markiert das vorläufige **Ende der bemannten Mondfahrt**, da nach 1972 keine Menschen mehr den Mond betreten haben. Der ehemalige US-Vizepräsident Mike Pence gab zuletzt bekannt, dass die USA im Jahre 2024 endlich wieder Astronauten zum Mond schicken möchten. Doch die Tatsache, dass die letzte Mondlandung so lange Zeit her ist, ruft bei einigen Menschen immer wieder den Gedanken einer Verschwörungstheorie in den Kopf.

Der US-Amerikaner **Bill Kaysing** kann als Vater des Verschwörungsmythos der Mondlandung genannt werden. Seine Verschwörungstheorie um die Apollo-Mondlandungen begründete er mit seinem im Jahre 1976 veröffentlichten Buch "We Never Went to the Moon". Kaysing behauptete, dass sein Buch auf originalen Dokumenten zum Apollo-Programm der NASA basiert. Dabei liegen seiner Verschwörungstheorie vier Argumente zugrunde.

So behauptet er in seinem Buch, dass **erstens** der NASA im Jahr 1969 die technischen Kenntnisse fehlten, um Menschen auf den Mond zu schicken. Außerdem ist er der Überzeugung, dass **zweitens** die vielen optischen Ungenauigkeiten auf den Fotos des Mondes nicht zu erklären sind, zum Beispiel sind im Hintergrund keine Sterne zu sehen und es gibt Schattenwürfe. **Drittens** sind auf den Bildern der Mondlandung keine Krater zu sehen, welche sich aber aufgrund der Triebwerke der Mondfähre hätten bilden müssen. In seinem letzten Argument behauptet Kaysing, dass es **viertens** auf dem Mond keinen Wind geben würde, der die amerikanische Flagge hätte ausdehnen können.

Kaysing war nicht nur ein Vertreter der Theorie, dass die Mondszenen in der geheimen Militärbasis Area 51 aufgenommen worden sind, sondern er war auch davon überzeugt, dass Astronauten für die Landung auf dem Mond sterben mussten, um sie so letztendlich zum Schweigen zu bringen. Bei einem Test auf dem Startkomplex im Jahre 1967 seien demnach drei Astronauten in der Kommandokapsel von Apollo 1 tragisch ums Leben gekommen, um die ganze Sache zu vertuschen.

Der Astrophysiker Prof. Harald Lesch untersuchte auf seinem YouTube-Kanal "Terra X Lesch & Co" die Verschwörungstheorie zur Mondlandung im Detail. Link oder QR Code zum YouTube-Video: https://bit.ly/3D2Cnxo

Er betonte, dass die NASA 1969 in der Tat die technischen Voraussetzungen für eine Mondlandung hatte. Die Tatsache, dass man auf den Bildern der Mondlandung keinen Schatten sieht, sieht er darin begründet, dass der Mond eine extrem helle Oberfläche hat, wodurch er ein sehr starkes Rückstrahlverhalten hat. Sobald nun ein*e Astronaut*in auf dem Mond steht, wird er*sie nicht allein nur von der Sonne, sondern auch von dem Untergrund angestrahlt. Auf diese Weise entstehen Schattenwürfe unterschiedlicher Art.

Von den Mondlandungen existieren 400 Kilogramm echtes Mondmaterial, welches die menschliche Anwesenheit belegt. Während der Mondlandung kamen von „Apollo 11" Funkwellen, die nicht nur in den USA von der NASA, sondern auch in Moskau empfangen wurden. Somit

konnten die Sowjets 1969 per Triangulation bestätigen, dass die Amerikaner wirklich auf dem Mond waren. Verschwörungstheoretiker*innen behaupten immer wieder, dass die US-Regierung und die Spitze der kommunistischen Partei der Sowjetunion gemeinsam agieren würden und somit auch die Mondlandung in den USA gemeinsam inszeniert hätten. Professor Lesch betont, dass diese Behauptung ziemlich unsinnig sei, und unterstreicht außerdem, dass die Beteiligten ein sehr hohes Risiko bei ihrer Reise eingegangen sind.

Verschwörungsglaube Nummer 1: Das verschwörungstheoretische Argument der wehenden Fahne

Es scheint, als würde die von den Astronauten auf dem Mond aufgestellte Flagge flattern. Da es auf dem Mond jedoch keine Luft gibt und damit der Wind auch nicht wehen und die Fahne folglich nicht flattern kann, argumentieren Verschwörungstheoretiker*innen, dass die Fotos nicht auf dem Mond entstanden sein konnten. Vielmehr behaupten sie, dass die Aufnahmen in einem Studio mit Durchzug aufgenommen wurden.

Die Filmaufnahmen der Flagge zeigen, dass sich diese nur dann bewegt, wenn sie von den Astronauten berührt wird. Außerdem löste das Einrammen der Flagge in die Oberfläche des Mondes Schwingungen aus. Dadurch, dass es auf dem Mond keine Atmosphäre gibt, wurden die Schwingungen nicht wie auf der Erde schnell abgedämpft, sondern hielten stattdessen noch länger an. Die Falten der Flagge entstanden demnach nicht durch den Wind. Vielmehr sind sie die Folge einer Panne beim Aufstellen. Denn die Astronauten konnten den Stab der Flagge, der das obere Ende nach außen abspreizt, nicht vollständig ausfahren. Folglich wurde das Flaggentuch nicht vollkommen gespannt, sodass die sichtbaren Falten entstanden sind. Der NASA gefiel dieser sehr natürliche Eindruck des Faltenwurfs so gut, dass sie die Querstange in allen nachfolgenden Apollo-Missionen absichtlich verkürzten.

Verschwörungsglaube Nummer 2: Das verschwörungstheoretische Argument der fehlenden Sterne

Auf keinem einzigen Bild der NASA sind Sterne am Himmel zu sehen. Da diese eigentlich da sein müssten, können die Bilder nur vor einer schwarzen Studiowand aufgenommen worden sein, oder?

Das einfache Gegenargument zu dieser Behauptung ist, dass ein Film nicht zur selben Zeit die Sterne und den hell beleuchteten Mond zeigen kann, weil der Kontrast zu stark ist. Es bräuchte eine sehr hohe Belichtungszeit, um gleichzeitig sehr helle und sehr schwach leuchtende Objekte einzufangen. Die Mondlandungen fanden immer bei vollem Tageslicht statt, wodurch die Oberfläche des Mondes durch die Sonne so stark leuchtete, dass das vergleichsweise schwache Sternenlicht nicht dagegen ankam. Das Ziel war jedoch, die Mondoberfläche und nicht die Sterne zu fotografieren, weshalb eine kurze Belichtungszeit sowie eine kleine Blende verwendet wurden. Die Belichtungszeit war für die schwach leuchtenden Sterne einfach zu kurz.

Verschwörungsglaube Nummer 3: Das verschwörungstheoretische Argument der schrägen Schatten

Auf einigen Mondbildern sind Schatten zu erkennen, die nicht parallel verlaufen und deren Länge uneinheitlich ist. Doch wie ist das möglich, wenn die Sonne die einzige Lichtquelle ist, die zudem auch noch sehr weit entfernt ist?

Das Argument der schrägen Schatten ignoriert die Grundlagen der Perspektive. Auf einer dreidimensionalen Fläche wirken parallele Linien immer schräg, da man sie in einem zweidimensionalen Medium darstellt. Aus diesem Grund kann man beobachten, wie Eisenbahnschienen am Horizont zusammenlaufen, obwohl diese immer parallel zueinander liegen. Dieselbe Erklärung gilt auch für den Mond. Die unterschiedliche Länge der Schatten ist dadurch bedingt, dass der Untergrund uneben ist.

Liegt ein Schatten auf einer abfallenden Ebene, wird er überall optisch verlängert, wohingegen ein Schatten auf einer Erhebung immer optisch verkürzt wird. Außerdem kann sich auch die Schattenrichtung, je nach Lage der Erhebung oder des Abfalls, verändern. Wären mehrere (vermeintliche) Studioscheinwerfer verwendet worden, hätte es auch mehrere Schatten desselben Objektes geben müssen, die in unterschiedliche Richtungen verlaufen.

Verschwörungsglaube Nummer 4: Das verschwörungstheoretische Argument des fehlenden Landekraters

Auf den Fotos der Mondlandung sucht man vergebens nach dem Krater, der durch das Triebwerk der Landefähre im Boden entstanden sein müsste. Doch die Fotos zeigen nicht nur keine Krater, sondern auch keine Fußabdrücke im Staub.

In der Tat blies das Triebwerk der „Apollo 11"-Landefähre die Staubschicht an der Oberfläche weg, jedoch nutzte die Fähre kurze Zeit vor der Landung nur ein Drittel der Normallandeschubkraft. Außerdem landete sie nicht vertikal, sondern schwach horizontal. Aus der Düse trat Gasstrom aus, der aufgrund des Vakuums sehr stark expandierte. Ein Krater konnte dabei jedoch nicht entstehen.

Jeder dieser angeblichen Beweise für eine inszenierte Mondlandung hat eindeutige physikalische Ursachen und ist schon längst widerlegt worden. Die Antwort auf die Frage, warum die Verschwörungstheorie zur Mondlandung auch nach mehr als 50 Jahren noch Anhänger*innen findet, ist laut Wissenschaftler*innen ganz einfach. Der Glaube an die Theorie vermittelt ein Gefühl der Überlegenheit. Denn ganz gleich, wie aufregend und faszinierend die Mondlandungen auch waren, es ist eben noch viel erstaunlicher, zu mutmaßen, dass diese Ereignisse inszeniert waren, und dadurch Verschwörungstheorien zu kreieren. Wer auf den Bildern der Mondlandungen Paradoxe ausfindig macht, scheint eben intelligenter als die Menschen, die diese nicht finden konnten.

DIE ERDE IST EINE SCHEIBE

Das Wichtigste auf einen Blick:

• Einige Menschen glauben, dass die Erde in Wahrheit eine flache Scheibe wäre.

• Die Fotos der Erde sind angeblich alles Fälschungen.

• Die Anhänger*innen der Flat-Earth-Verschwörungstheorie heißen Flat Earther oder Flacherdler.

• Flat Earther sind davon überzeugt, dass sich entweder alle Regierungen verschworen haben, um die Wahrheit zu vertuschen, nur ein ausgewählter Zirkel gesellschaftlicher Eliten eingeweiht ist oder aber, dass die NASA die Wahrheit vertuschen will.

• Es gibt sogar eine Flat-Earth-Society und regelmäßige Kongresse zum gegenseitigen Austausch.

Obwohl es zum Allgemeinwissen gehört, dass die Erde eine Kugel ist, glauben trotzdem manche Menschen, dass wir in Wirklichkeit auf einer **flachen Scheibe** leben. Anhänger*innen dieser Verschwörungstheorie bezeichnen sich selbst als **Flat Earther**, zu Deutsch **Flacherdler**. Angefeuert wird die Verschwörungstheorie durch zahlreiche YouTube-Videos und die sozialen Netzwerke. Doch neu ist der Glaube an eine Scheiben-Erde nicht, denn Verschwörungstheoretiker*innen deuten sogar einige Textpassagen der Bibel als Beleg für die Scheibenverschwörung.

Flat Earther sind fest davon überzeugt, dass die Erde in Wahrheit ein gewaltiges Terrarium ist und dass unser Wissen über die Erde auf Inszenierungen, wie beim Filmklassiker „Truman-Show", beruht. Einige Flacherdler behaupten, dass einzig ein ausgewählter Zirkel gesellschaftlicher Eliten eingeweiht ist und die Wahrheit kennt. Andere sind davon überzeugt, dass angeblich alle Regierungen der Welt wissen, dass die Erde keine Kugel ist. Um die Inszenierung aufrechtzuerhalten, sollen bezahlte Schauspieler*innen die Rolle von Wissenschaftler*innen übernehmen. Aufgrund der Mondlandung und den publizierten Satelliten-Bildern aus dem Orbit gehört auch die NASA aus der Sicht der Flacherdler der Verschwörung an. Auch die Schulen sowie die Medien sind angeblich ein Teil der großen Verschwörung der Erde.

Die Vorstellung, dass wir alle auf einer Scheibe leben, steht im Zentrum des Flat-Earth-Mythos. Flat Earther glauben, dass die Scheibe am Rand durch eine **Eiswand** in der Antarktis begrenzt ist. Damit erklären sie auch, warum das Wasser der Ozeane nicht entweichen könne. Die Eiswand der Antarktis soll der riesigen Mauer aus der Serie „Game of Thrones" ähnlich sehen. Warum bislang noch niemand diese Eiswand gesehen hat, begründen Flacherdler damit, dass der Rand der Welt bewacht wird und ihm deshalb niemand zu nahe kommen kann. Flat Earther sehen den Antarktis-Vertrag von 1959, in dem die Antarktis als neutrales Forschungsgebiet deklariert wurde, als Beweis dafür, dass die Regierungen die Weltbevölkerung vom äußeren Eisring der Erde fernhalten und damit die Wahrheit geheim halten wollen.

Außerdem glauben Flat Earther, dass sich die Erde in einer endlosen Spirale nach oben bewegen würde und nur deshalb Dinge auf dem Boden landen, nachdem sie heruntergefallen sind. Denn laut einer anderen Verschwörungstheorie existiert die Erdanziehungskraft gar nicht. Das Zentrum der Erdscheibe bildet der Nordpol, um den sich die einzelnen Kontinente herum anordnen würden. Dabei befindet sich Nordamerika auf der einen und Europa auf der anderen Seite, sodass Australien und Südamerika am weitesten voneinander entfernt sind. Viele Flat Earther glauben jedoch gleichzeitig auch, dass der Kontinent Australien gar nicht existieren würde und sich Städte wie Sydney in Wahrheit irgendwo in Südamerika befinden würden. Über der Scheibe soll sich der Himmel wie eine große Kuppel spannen, die in der Nacht mit einem künstlichen Sternenhimmel angeleuchtet wird. Sonnen- sowie Mondaufgänge sind für die Flacherdler nichts weiter als optische Täuschungen, da die Sonne lediglich in der Kuppel hin und her wandern würde. Währenddessen soll sie, ähnlich wie ein Scheinwerfer, immer nur einen kleinen Ausschnitt der Erdoberfläche beleuchten, wodurch die verschiedenen Zeitzonen entstehen und ein Tag-Nacht-Rhythmus simuliert wird. Abhängig von der jeweiligen Variante der Flat-Earth-Verschwörungstheorie ist die Sonne entweder ein riesiger Wärmestrahler oder eine Kugel von 52 Kilometern, die von der Erde nur wenige Tausend Kilometer entfernt ist. An die Existenz des Weltalls glauben die meisten Flat Earther nicht. Angeblich befinden sich die Sonne und der Mond nur 5.000 Kilometer über der Scheibe.

Um die Flat-Earth-Theorie zu belegen, berufen sich viele Anhänger*innen auf Formulierungen, die in der Bibel zu finden sind. So heißt es in der Offenbarung 7.1 zum Beispiel, dass die Engel an „vier Ecken der

Erde" stehen würden. Für Flat Earther ist damit klar, dass Gott die Erde eindeutig als Scheibe geschaffen hat. Doch die Schöpfungsmythen, in denen die Erde als Scheibe beschrieben wird, gab es schon früher – so zum Beispiel im frühen Griechenland oder in Mesopotamien.

Dabei waren viele Gelehrte bereits lange Zeit vor Christus von der runden Beschaffenheit der Erde überzeugt. Bereits im 6. Jahrhundert vor Christus beschrieb der griechische Philosoph Pythagoras die Erde als Kugel. Aufgrund der kreisförmigen Schatten, die die Erde während einer Mondfinsternis auf den Mond wirft, kam Aristoteles wenig später zu der Erkenntnis, dass sie rund und somit kugelförmig sein müsse. Der Bibliotheksleiter von Alexandria, Eratosthenes, errechnete rund 100 Jahre später mithilfe des Sonnenschattens, dass die Erde einen Umfang von 40.000 Kilometern hätte, was nur 77 Kilometer vom tatsächlichen Umfang abweicht. Ferdinand Magellan und Francis Drake umsegelten im 16. Jahrhundert die Welt und bewiesen somit bereits damals, dass die Erde eine Kugel ist.

Nichtsdestotrotz veröffentlichte der englische Autor Samuel Rowbotham im 19. Jahrhundert unter dem Pseudonym Parallax mehrere Werke zur Flat Earth-Theorie. Rowbotham gründete außerdem die erste bis heute existierende **Flat-Earth-Organisation** namens *Zetetic Society*. Auch in London entstand im Jahre 1956 die *International Flat Earth Society*, die noch bis heute besteht. Sie ließ den Glauben an eine flache Erde wieder aufleben und versuchte sich sogar an einigen physikalischen Experimenten. Darüber hinaus wurden mehrere Bücher publiziert, die die Vorstellung davon, dass die Erde eine Scheibe ist, thematisierten. Letztlich bekam die Flat-Earth-Idee durch YouTube einen erneuten Aufschwung, da dort immer wieder Videos über die vermeintliche Scheibenerde auftauchen.

Laut einer Studie der Texas Tech University ist die Videoplattform außerdem dafür verantwortlich, dass die Überzeugung einer Scheibenerbe bestehen bleibt. Bei der Studie wurden 30 Anhänger*innen der Verschwörungstheorie befragt, von denen 29 ihre Meinung einzig aufgrund von YouTube-Videos geändert haben. Das ist vor allem dem Algorithmus auf YouTube geschuldet, der immer wieder ähnliche Videos vorschlägt und damit eine Art individuelle Parallelwelt erzeugt. Eine Google-Auswertung zeigt deutlich, dass die Suchanfragen zur Flat-Earth-Theorie seit dem Jahr 2015 deutlich zugenommen haben. Zeitlich fällt diese Zunahme mit dem Aufkommen großer Kanäle auf YouTube zusammen.

Eine YouGov-Umfrage aus dem Jahr 2018 zeigt auf, dass jede*r sechste US-Bürger*in daran zweifelt, dass die Erde tatsächlich rund ist. Jedoch glauben auch sieben Prozent in Brasilien und drei Prozent der Menschen in Großbritannien an eine flache Erde. Für die deutsche Bevölkerung gibt es derzeit keine repräsentativen Zahlen. Auffällig ist zudem, dass der Glaube an eine flache Erde sehr oft an eine starke Religiosität geknüpft ist.

Auch wenn der Flat-Earth-Mythos wissenschaftsfeindlich ist, ist er im Vergleich zu antisemitischen Verschwörungstheorien oder Verschwörungen wie QAnon relativ harmlos. Gefährlich wird es aber, wenn Flat Earther unbedingt beweisen wollen, dass sie Recht haben. Der Amerikaner und Selfmade-Astronaut „Mad Mike" Hughes baute zum Beispiel eine Rakete aus Altmetall, mit der er im Februar 2020 vor laufenden TV-Kameras abhob. Für sein großes Vorhaben sammelte er durch öffentlichkeitswirksame Auftritte Geld. Mit seinen eigenen Augen wollte er sehen, dass die Erde rund ist. Denn er selbst vermutete, dass sie in Wahrheit flach sei. Hughes stürzte jedoch ab und kam dabei ums Leben.

Die häufigsten "Belege" für die Flat-Earth-Idee und ihre Gegenbelege

Obwohl Satelliten auch von der Erde aus am Himmel zu sehen sind, glauben Flat Earther, dass es in Wahrheit gar keine Satelliten gibt. Doch wenn es überhaupt keine Satelliten geben würde, dann könnten wir gar kein GPS zur Navigation nutzen. Satelliten kehren am Himmel immer wieder und man kann ihre Umlaufbahn erkennen, in der sie sich ohne eigenen Antrieb bewegen. Diese Tatsache beweist darüber hinaus die Existenz der sich gegenseitig aufhebenden physikalischen Naturgesetze von Fliehkraft und Schwerkraft. Denn einige Flacherdler zweifeln die Existenz der

Schwerkraft an. Sie behaupten, dass die Menschen von der Erde fallen würden, wenn diese wirklich rund wäre. Ein Gravimeter oder Fallexperimente können jedoch nachweisen, dass Gravitation tatsächlich existiert und dass diese mit zunehmender Höhe abnimmt. Seismolog*innen gelingt es sogar, ein Erdbeben auf der anderen Seite der Welt zu ergreifen und durch das Erdinnere seine Bewegungen zu rekonstruieren. Wenn die Erde eine Scheibe wäre, wäre dies jedoch nicht möglich.

Wenn die Theorie, dass die Erde eine Scheibe ist, wahr wäre, würde es gar keinen Horizont geben. Dabei können wir mit bloßem Auge beobachten, wie Schiffe nach und nach in der Ferne dahinter verschwinden. Anhand der Entfernung, der Größe sowie der Sichtbarkeit der Schiffe lässt sich sogar errechnen, dass es eine Erdkrümmung gibt. Und ohne eine Erdkrümmung könnte es auch keine Sonnenaufgänge und Sonnenuntergänge geben, da die Sonne auf einer flachen Erde immer die gleiche Höhe hätte.

Auch für die unterschiedlichen Sternkonstellationen auf der Nord- und der Südhalbkugel haben Flat Earther keine Begründung. Selbst die Entfernung der Sterne sowie der anderen Planeten lässt sich heutzutage genau berechnen. Zudem kann man sogar die Entfernung zum Mond messen, wodurch die Theorie eines inszenierten Weltalls eindeutig widerlegt wird. Anhand der Sternenbewegung lässt sich außerdem auf die Erdrotation schließen. Die Erdrotation beeinflusst darüber hinaus auch die Drehrichtung von Meeresstrudeln sowie die Drehrichtung von Tief- und Hochdruckgebieten. Auf der Nordhalbkugel drehen sich diese nach rechts herum und auf der Südhalbkugel nach links.

Zuletzt gibt es nicht nur Millionen Satellitenbilder, sondern es waren auch bereits viele Astronaut*innen bei diversen Weltraummissionen im All. Auch bei Felix Baumgartners Sprung aus der Stratosphäre im Jahr 2012 entstanden Aufnahmen, die die kugelförmige Erde zeigen.

ROTHSCHILD

Das Wichtigste auf einen Blick:

- Die Mitglieder der jüdischen Großfamilie werden von Verschwörungstheoretiker*innen als geheime Strippenzieher der Weltpolitik angesehen.
- Die Familie Rothschild ist eine Dynastie berühmter Banker*innen.
- Im 19. und 20. Jahrhundert wurden sie, aufgrund ihrer exzellenten Stellung als Banker*innen, berühmt.
- Mayer Amschel Rothschild gilt als Begründer der Rothschild-Dynastie.
- Antisemitische Verschwörungstheorien gehen auf das Mittelalter zurück.
- Die Rothschilds zählten dank Mayer und seinen fünf Söhnen, vor allem Nathan Mayer Rothschild, zu den einflussreichsten Finanzier*innen in Europa.

Die **jüdische Großfamilie Rothschild** ist insbesondere für ihren **politischen sowie finanziellen Einfluss** im 19. und 20. Jahrhundert bekannt. Aufgrund ihres großen wirtschaftlichen Erfolges entstanden **antisemitische Verschwörungstheorien**, die zum Teil immer noch weiter verbreitet werden. Die Nachfahr*innen der Familie Rothschild leben heutzutage weltweit verstreut, wobei die verschiedenen Familienzweige immer noch international erfolgreiche Finanzgruppen leiten. Zu deren Geschäftsbereichen zählen unter anderem die Vermögensverwaltung und die Unternehmensbeteiligungen.

Der Name der jüdischen Großfamilie reicht **weit bis ins 16. Jahrhundert** zurück. Die Familie stieg mit Mayer Amschel Rothschild (1744-1812) und seinen fünf Söhnen zu den **einflussreichsten Finanzier*innen in ganz Europa** auf. Die Gebrüder Rothschild verteilten sich vom Frankfurter Getto aus in ganz Europa, wo sie jeweils gut vernetzte Bankensysteme errichteten. Insbesondere **Nathan Mayer Rothschild (1777-1836) gilt als Sinnbild des Erfolgs** der Familie. Die Rothschilds waren unter anderem am Ausbau der Eisenbahn und damit unmittelbar am Fortschritt der Industrialisierung beteiligt. Die Nachfahr*innen der Rothschilds heirateten jeweils ihre Cousinen und Cousins, um einerseits den finanziellen und andererseits auch den politischen Einfluss der Familie zu bewahren.

Hinter dem beispiellosen Erfolg der Familie vermuten Verschwörungstheoretiker*innen sowie Neider*innen und Juden-Hasser*innen finstere Machenschaften und unterstellten ihnen bereits damals Betrug. Die verschiedensten Verschwörungstheorien rund um die Familie Rothschild halten noch bis heute an. Einige Menschen sind davon überzeugt, dass die Großfamilie ihren Reichtum in den Holocaust investiert hätte, wohingegen andere an die angebliche Allmacht des Judentums über das weltweite Finanzwesen glauben. Manche Anhänger*innen dieser Verschwörungstheorie denken, dass die Nachfahr*innen der jüdischen Großfamilie selbst heute noch die Banken kontrollieren.

Allerdings gibt es für keine dieser Theorien stichhaltige Beweise. Leider sind Hass und Antisemitismus tief in der Historie verankert. Bereits damals durften die Juden beispielsweise nur an gewissen Orten, wie dem Frankfurter Getto, leben oder nur bestimmten Berufen nachgehen und etwa im Finanzwesen arbeiten.

Die Verschwörungstheorie um die angebliche Gier von Nathan Rothschild

Der französische Journalist und Pamphletist Georges Marie Mathieu-Dairnvaell veröffentlichte im Jahr 1849 in Paris eine Schmähschrift mit dem Titel „Die lehrreiche und bemerkenswerte Geschichte von Rothschild, dem ersten König der Juden." Seinem Pamphlet gab er den einprägsamen Namen *Satan*. Mit seiner Schmähschrift wollte Georges Marie Mathieu-Dairnvaell vor allem James von Rothschild schaden, indem er die jüdische Bankiersfamilie als eine im Geheimen arbeitende Gruppe von Verschwörer*innen darstellte.

Baron James von Rothschild war das einflussreichste Familienmitglied der Rothschilds in ganz Europa. Seine Investition in den Eisenbahnbau war der Auslöser für Mathieu-Dairnvaells Schmähschrift, weil dieser die neue Technik als Bedrohung ansah. Den Beweis seiner Theorie sah der Sozialist in einem Zugunglück von 1846 begründet, bei dem vierzehn Menschen ihr Leben verloren. Für Mathieu-Dairnvaell war das der Beweis dafür, dass die Rothschilds skrupellose Geschäftemacher*innen seien.

Daraufhin entwarf Mathieu-Dairnvaell eine antisemitische Verschwörungstheorie, die sich noch bis dato hartnäckig hält und sogar von angesehenen Historiker*innen stets wiederholt wird. Mathieu-Dairnvaell war davon überzeugt, dass es neben dem Zugunglück von 1846 noch weitere Ereignisse gab, die angeblich beweisen würden, dass die Rothschilds mit Menschenleben leichtfertig umgehen würden. Weitaus schlimmer und beschämender soll die Verwicklung der Familie in die Schlacht bei Waterloo gewesen sein. Am 18. Juni 1815 entschied sich dort das Schicksal Europas, denn an jenem Tag besiegten die britischen Truppen mithilfe des preußischen Heeres Napoleon und beendeten somit seine Vorherrschaft in Europa.

Laut Mathieu-Dairnvaell habe vor allem Nathan Rothschild gewusst, welchen Ausgang die Schlacht nehmen würde. Deshalb habe er sein Wissen zu seinem eigenen Vorteil genutzt, um viel Geld zu verdienen. In seinem Pamphlet wurden Rothschilds angebliche Geschäfte im Kontext von Waterloo zum ersten Mal schriftlich erwähnt, doch dabei blieb es nicht. Mathieu-Dairnvaells Erzählung entwickelte sich zu einer antisemitischen Legende, zu der immer wieder neue Dinge hinzugedichtet wurden.

Im Jahre 1815 war Nathan Rothschild 37 Jahre alt. 16 Jahre zuvor ist er von Frankfurt am Main nach Großbritannien gekommen und wurde dort zu einem sehr erfolgreichen Bankier. Für den Sold der auf dem europäischen Kontinent kämpfenden britischen Soldaten lieferte er die Gold- und Silbermünzen. Und das war bislang nicht einmal der Bank of England selbst gelungen.

Der britische Autor **John Reeves** schmückte die Geschichte im Jahr 1887 weiter aus. Angeblich sei Nathan Rothschild am 20. Juni 1815 in den Morgenstunden von Waterloo nach London zurückgekehrt. Sofort soll er an der Börse das Gerücht verbreitet haben, dass die Preußen, die mit den Briten verbündet waren, in Ligny eine Niederlage erlitten hätten. Dadurch habe er Verunsicherung verbreiten wollen, da die Händler nun befürchteten, dass auch Waterloo verloren gehen würde. Im Folgenden sollen Broker, von denen bekannt war, dass sie für Rothschild arbeiteten, Wertpapiere an der Börse verkauft haben – währenddessen andere Broker, die nicht mit Rothschild in Verbindung gebracht wurden, später in seinem Namen ganz heimlich und günstig für ihn eingekauft haben. Reeves schrieb, dass er dadurch einen manipulativen Kurssturz ausgelöst haben soll, mit dem er fast eine Million Pfund verdient hat. Jedoch haben Mathieu-Dairnvaell und Reeves niemals Beweise für ihre Behauptungen vorgelegt. Nichtsdestotrotz wurden diese regelmäßig wiederholt.

Der Professor der Kingston University London, **Brian Cathcart**, untersuchte die Verschwörungstheorie und kam zu dem Entschluss, dass Nathan Rothschild niemals in der Nähe von Waterloo gewesen war. Aus den Archiven der Familie gehen Briefe hervor, die Nathan Rothschild am 16. und am 20. Juni 1815 in London verfasste. Somit konnte er also gar nicht verreist gewesen sein. Der Historiker **Niall Ferguson** behauptete daraufhin in seiner autorisierten Geschichte des Hauses Rothschild, dass die Familie zu Kriegszeiten große Mengen an Goldmünzen gekauft hätte. Nach dem Sieg bei Waterloo befürchteten sie dann angeblich, dass sie zu viel Geld besitzen würden, das nun seinen Wert verlieren würde. Aus diesem Grund habe Nathan Rothschild versucht, viel Geld in Wertpapieren anzulegen und den Schaden somit auszugleichen. Als Quelle für seine Behauptungen gab Ferguson die Zeitung *Courier* an. Diese soll am 20. Juni 1815 geschrieben haben, dass die Rothschilds große Mengen Aktien gekauft haben.

Laut Brian Cathcart lässt sich auch diese Behauptung nicht belegen, weil es keinen einzigen Hinweis auf die Rothschilds in den noch existierenden Ausgaben der Zeitung gibt. Die Legende von den angeblich hinterlistigen Rothschilds hält sich jedoch noch weiterhin und wurde zuletzt durch Wikileaks befeuert. Dort wurde ein kritischer Titel zum russischen Präsidenten Vladimir Putin veröffentlicht, der darauf hinwies, dass die Rothschilds Anteile am Blatt haben. Zudem wurde behauptet, dass sie sehr gute Beziehungen zu Hillary Clinton pflegen würden. Das würde jedenfalls die Theorie bestätigen, dass es bei Verschwörungstheorien immer um mächtige Personen geht, die auf irgendeine Art und Weise zusammenarbeiten.

11. SEPTEMBER 2001

Das Wichtigste auf einen Blick:

- Bei Anschlägen der Terrormiliz Al-Qaida starben am 11. September 2001 Tausende von Menschen in den USA.
- Die Ereignisse vom 11. September 2001 werden mit 9/11 abgekürzt.
- Die USA riefen daraufhin den Krieg gegen den Terror aus. Sie eröffneten das Gefangenenlager Guantanamo und marschierten erst in Afghanistan und kurze Zeit später im Irak ein.
- Die Geschehnisse der Terroranschläge wurden mehrfach dokumentiert und untersucht und trotzdem gibt es viele Menschen, die nicht an die offizielle Version glauben.
- Die Verschwörungstheorie um 9/11 gehört zu den am meisten verbreiteten Verschwörungstheorien überhaupt

Es gibt kaum ein anderes Ereignis, um das sich so viele Verschwörungsmythen ranken, wie um die **Terroranschläge vom 11. September 2001 in den USA**. Die ersten Zweifler*innen traten schon ans Licht, bevor sich der Staub der Trümmer des World Trade Centers überhaupt legen konnte. Wie war es möglich, dass das mächtigste Land der Welt von einer Handvoll Terroristen so überrumpelt werden konnte?

Die Folgen der Terroranschläge haben unsere Welt verändert und sind noch bis heute deutlich spürbar. Denn selbst nach all den Jahren, die inzwischen vergangen sind, wirken die Bilder der Maschinen, die in die Türme gerast sind, immer noch surreal. Die Anschläge vom 11. September nehmen in der Welt der Verschwörungstheorien eine ganz besondere Rolle ein. Terroranschläge eignen sich besonders gut für Verschwörungserzählungen, denn damit eine Verschwörungstheorie erst einmal entstehen kann, braucht es ein Ereignis, das sehr viele Menschen betrifft und eine emotionale Reaktion auslöst.

Am 11. September 2001 entführten neunzehn **Al-Qaida-Terroristen** in den USA **vier Passagierflugzeuge**. Die Männer des Terrornetzes steuerten die Maschinen auf verschiedene Gebäude zu. Sie **lenkten zwei Flugzeuge in die beiden Türme des World Trade Centers in New York**. Als die Türme einstürzten, verloren mehr als 2.700 Menschen ihr Leben. Ein **weiteres Flugzeug** traf das Gebäude des **US-Verteidigungsministeriums** in der Nähe von **Washington D.C.**, das **Pentagon**. Nachdem weitere 184

Menschen ihr Leben in den Trümmern gelassen hatten, stürzte eine **vierte Maschine in Pennsylvania** ab. Die Passagier*innen versuchten zuvor, die Entführer zu stoppen. Wahrscheinlich sollte das Flugzeug ursprünglich im Kapitol oder im Weißen Haus einschlagen. Alle 44 Passagier*innen an Board sowie die Crewmitglieder und ein ungeborenes Baby starben.

Der **Drahtzieher** der Anschläge war der saudische Al-Qaida-Terrorist und radikale Islamist **Osama bin Laden**. Nach den Anschlägen versteckte er sich, unter dem Schutz der Taliban, in Afghanistan, bevor ihn das US-Militär im Jahre 2011 in Pakistan aufspürte und anschließend erschoss. Umfragen aus dem Jahr 2008 vom Meinungsforschungsinstitut WorldPublicOpinion.org, bei denen Daten aus siebzehn Ländern der Welt erhoben wurden, zeigen, dass nur etwa 45 Prozent aller Befragten glauben, dass Al-Qaida wirklich für die Anschläge verantwortlich war. 15 Prozent der befragten Personen verdächtigten die US-Regierung, 7 Prozent waren der Meinung, Israel würde hinter den Anschlägen stecken, und weitere 7 Prozent gaben an, dass andere dafür verantwortlich seien. 25 Prozent sagten, dass sie sich unsicher sind, wer die Anschläge geplant habe.

Verschwörungsglaube Nummer 1: Die Anschläge waren ein "Inside-Job" der USA

Einige selbst ernannte **Truther** (Wahrheitssuchende) sind davon überzeugt, dass die Al-Qaida-Terroristen gar nicht hinter den Anschlägen vom 11. September stecken. Vielmehr glauben sie, dass die US-Regierung bzw. Teile der Regierung die Anschläge selbst geplant und ausgeführt hätten. Nach dieser Theorie wäre 9/11 ein **"Inside-Job"** gewesen, da die US-Regierung im Vorfeld über die Anschläge Bescheid gewusst hätte und sie nicht verhinderte oder sogar aktiv in sie verwickelt war. Die Truther verdächtigen zumeist die Neokonservativen der damaligen Regierung. Ihre angebliche Motivation sei gewesen, die US-amerikanische Bevölkerung davon überzeugen zu wollen, dass der Krieg gegen den Terror sowie der Einmarsch in den Irak gerechtfertigt seien. Den Wahrheitssuchenden erscheinen besonders drei Dinge verdächtig: Erstens sollen die USA bereits Monate vor den Terroranschlägen Warnungen bekommen haben. Zweitens soll die Luftabwehr nicht direkt eingegriffen haben und drittens soll der damalige US-Präsident George W. Bush noch weitere sieben Minuten im Raum einer Schulklasse gesessen haben, nachdem ihm von den Attacken berichtet wurde. Auch wenn es für diese Behauptungen keine Belege gibt, sind tatsächlich einige Dinge schiefgelaufen. Denn die CIA hat die Warnungen nicht an das FBI weitergegeben und bei der Luftabwehr gab es Pannen. Nichtsdestotrotz spricht, neben den fehlenden Beweisen, die damit verbundene enorme Mühe gegen einen "Inside-Job". Zahlreiche Menschen hätten involviert sein und jahrelang alles erfolgreich vertuschen müssen, um den Anschlag heimlich ausführen zu können. Doch das Gerücht, dass die damalige Regierung auf irgendeine Weise mit in die Anschläge verwickelt war, hält sich noch bis heute, vor allem in der US-amerikanischen Bevölkerung, hartnäckig.

Der Autor **Garett Graff**, der ein Buch mit Zeitzeugenberichten zum 11. September veröffentlichte, meint, dass das viel mit der Mentalität der US-amerikanischen Bevölkerung zu tun hat. Laut Graff sei kaum ein anderes Land so anfällig für religiöse Eifer*innen wie die USA. Bereits beim Angriff der Japaner auf Pearl Harbour im Zweiten Weltkrieg gab es zahlreiche Gerüchte darüber, dass die US-Regierung den Angriff absichtlich geschehen ließ, damit sie sich den Rückhalt der Bevölkerung für den Eintritt in den Krieg sichern konnte.

Verschwörungsglaube Nummer 2: Die "Let it happen on purpose"-Behauptung

Eine etwas abgeschwächte Variante des "Inside-Jobs" ist die **sogenannte "Let it happen on purpose"**-Behauptung, die ebenfalls von den Truthern verbreitet wird. Sie vertritt die Überzeugung, dass die Anschläge zwar von den islamistischen Truppen verübt wurden, dass die USA jedoch von den Plänen gewusst hätten und diese absichtlich geschehen ließen. Mit dieser Behauptung geht auch der Glaube einher, dass die Luftabwehr sogar den Befehl erhalten haben soll, nicht einzugreifen. Die Motivation der "Let it happen on purpose"-Behauptung ist dieselbe wie die der "Inside-Job"-Theorie: Die Truther denken, dass die US-Regierung unter allen Umständen in den Krieg im Nahen Osten ziehen wollte. Für beide Theorien gibt es jedoch keine Beweise.

Verschwörungsglaube Nummer 3: Die "No-Planes"-Theorie

Ein weiterer 9/11-Verschwörungsglaube rangt sich um die Überzeugung, dass gar **keine Flugzeuge an den Anschlägen beteiligt waren** und die Livebilder demnach gefälscht wurden. Die Truther behaupten, dass die Augenzeugenberichte der Tatorte von Geheimdienstler*innen stammen würden. Einige Anhänger*innen glauben sogar, dass eines der Flugzeuge das Pentagon überhaupt nicht getroffen hat, sondern das dieses von einer Rakete oder einem Marschflugkörper zerstört wurde. Weiterhin behaupten einige Wahrheitssuchende, dass auf manchen Fotos keine Trümmerteile der Flugzeuge zu sehen sind.

Verstärkt wurde die "No-Planes"-Theorie vor allem durch die mediale Verbreitung. So entstand zum Beispiel ein Dokumentarfilm sowie ein Zeitungsinterview, die die These befeuerten. Die Truther behaupten, dass die Augenzeugen vor Ort Opfer einer Täuschung und clever inszenierten Massenpsychose geworden sind. Und da es am 11. September angeblich keine Flugzeuge gegeben hat, basieren die Berichte über die Entführungen, laut den Truthern, allesamt auf Fälschungen. Die Meldungen über die Bordtelefone durch die Passagier*innen vor ihrem Tod erklären sie damit, dass diese Menschen gezwungen wurden, manipulierte Anrufe durchzuführen. Da die Personen, die auf den Passagierlisten der vier Flugzeuge aufgeführt wurden, nie mehr lebend gefunden wurden, behaupten Verschwörungstheoretiker*innen, dass sie an einem unbekannten Ort ums Leben gebracht wurden.

Ihre Überzeugung bestärken sie mit der Tatsache, dass keine Videoaufnahmen der Einschläge am Pentagon existieren, sondern lediglich Bilder von Überwachungskameras. Dabei existieren sehr wohl Bilder mit einzelnen Wrackteilen am Pentagon. Dass die Schäden des Pentagons gering sind und das Gebäude nicht stärker zerstört wurde, erklären Expert*innen damit, dass das Pentagon ein sehr massives Bauwerk ist, das eine verstärkte Außenhülle hat. Außerdem wurde die DNA von Passagier*innen, die auf die Flüge gebucht waren, sowohl am Pentagon als auch an den Zwillingstürmen in New York gefunden.

Verschwörungsglaube Nummer 4: Die Türme wurden gesprengt

Nachdem die Twin Towers des World Trade Centers in New York getroffen wurden, brach in mehreren Stockwerken Feuer aus. Gemeinsam mit der Wucht der Einschläge führte das Feuer zum Einsturz des Gebäudes, so heißt es im offiziellen Untersuchungsbericht. Verschwörungsanhänger*innen bezweifeln, dass die Türme allein durch die Brände zusammengefallen sind, denn Stahl schmilzt erst bei 1.500 Grad Celsius. Das brennende Kerosin soll jedoch nur knapp 800 bis 900 Grad heiß gewesen sein. Die Truther sind sich deshalb sicher, dass das Gebäude in Wahrheit **gesprengt** wurde und das sehr wahrscheinlich bei einem "Inside-Job".

Besonders verdächtig finden die Truther den Einsturz von World Trade Center 7, da sich dort angeblich die Zentrale von Verschwörer*innen befand. Das World Trade Center 7 wurde zwar nicht getroffen, stürzte aber trotzdem sieben Stunden nach den Zwillingstürmen ein.

Expert*innen sind sich sicher, dass viele Sprengkörper hätten verteilt werden müssen, wenn die Gebäude in die Luft gejagt worden wären. Das hätte nicht nur lange gedauert, sondern wäre auch nicht unauffällig möglich gewesen. Außerdem wurden keine Spuren von Sprengstoff gefunden. Zudem ist es zwar wahr, dass Stahl erst bei sehr hohen Temperaturen schmilzt, jedoch ist der Werkstoff schon ab etwa 650 Grad Celsius nicht mehr ganz fest. Im Inneren können sich Feuer durch Teppiche und andere Materialien auf bis zu 1.000 Grad erhitzen. Die Stahlträger, die durch die Hitze sowie die Wucht der Einschläge beschädigt wurden, sackten schließlich ein und rissen auch alle anderen Gebäudeteile mit sich. Weiterhin sind sich die Fachleute sicher, dass der Einsturz der Twin Tower das World Trade Center 7 so stark beschädigte, dass dieses anschließend ebenfalls brannte.

Verschwörungsglaube Nummer 5: Die jüdische Bevölkerung wurde gewarnt

Auch zu den Terroranschlägen zum 11. September gibt es Verschwörungstheorien, die antisemitisch geprägt sind. Es hält sich das Gerücht, dass der israelische Geheimdienst Mossad die CIA beim "Inside-Job" unterstützte. Demnach sei auch er an den Anschlägen beteiligt gewesen. Aus diesem Grund glauben einige Verschwörungsgläubige, dass am 11. September rund 4.000 jüdische Menschen gewarnt worden sein, sich von den Twin Towers in New York fernzuhalten. Dieser Verschwörungsglaube wurde beispielsweise von **Mahmud Ahmadinedschad**, dem ehemaligen iranischen Präsidenten, verbreitet. Entsprechende Berichte oder Dokumente, die diese Theorie stützen würden, sind jedoch nie aufgetaucht. Außerdem sind in der Tat Hunderte jüdische Menschen den Anschlägen zum Opfer gefallen.

Verschwörungsglaube Nummer 6: "Insiderdeals" an der Börse

Einige Truther glauben, dass hinter den Anschlägen vom 11. September "**Insiderdeals**" der Börse stecken. Anhänger*innen der Theorie um die internationale Finanzverschwörung glauben, dass ungewöhnliche Verhaltensweisen an den Aktienmärkten kurz vor den Attacken ein eindeutiges Indiz für ihre Verschwörungsidee sind. Dabei geht es unter anderem um den Verkauf von Anteilen an großen US-Fluglinien. Die Truther glauben, dass die Anschläge von einer geheimen Elite durchgeführt worden sind, sodass diese sich noch mehr bereichern konnten.

Expert*innen sind sich einig, dass in den Tagen vor den Anschlägen zwar überdurchschnittlich viele Verkäufe der Fluglinien platziert wurden, dass die Anzahl jedoch nicht so hoch war, dass es sich dabei um einen "Inside-Job" handeln könnte. Im Zusammenhang mit Finanzverschwörungen wird auch im Kontext von 9/11 immer wieder behauptet, dass die jüdische Bankiersfamilie Rothschild hinter den Anschlägen stecken würde.

BILL GATES

Das Wichtigste auf einen Blick:

- Bill Gates wurde als Gründer des Software-Herstellers Microsoft bekannt.
- Er ist einer der reichsten Menschen der Welt.
- Gates leitet gemeinsam mit seiner Frau, Melinda Gates, die „Bill und Melinda Gates Stiftung". Nach den USA ist die Stiftung der größte Geldgeber der WHO.
- Während der Corona-Pandemie engagierte er sich mit sehr viel Geld bei der Forschung nach einem Impfstoff.
- Verschwörungstheoretiker*innen sehen Gates als Staatsfeind Nummer eins an.
- Sie unterstellen ihm, dass er die WHO lenken und mit Impfstoffen die Bevölkerung dezimieren will. Außerdem soll Gates im Kampf gegen das Virus den Menschen einen Mikrochip einpflanzen wollen.

Der US-amerikanische Unternehmer Bill Gates wurde durch die Gründung des Unternehmens Microsoft bekannt. Gates zählt zu den reichsten Menschen der Welt. Durch sein Engagement bei der Forschung nach Impfstoffen während der Corona-Krise steht er im Zentrum einer Verschwörungstheorie. Einige Verschwörungsgläubige sehen ihn als Staatsfeind Nummer eins an und behaupten, er würde gemeinsam mit seiner Frau, Melinda Gates, die Weltgesundheitsorganisation (WHO) lenken.

Angeblich sollen sie in einer Art geheimen Diktatur die Welt regieren. Virolog*innen und Politiker*innen seien ihre Marionetten. Bill und Melinda Gates wollen angeblich Zwangsimpfungen verteilen und mit den Impfstoffen die Bevölkerung dezimieren. Im Zuge dessen würden sie natürlich hohen Gewinn mit dem Verkauf der Impfstoffe erzielen. Darüber hinaus unterstellen Verschwörungstheoretiker*innen Gates, dass er den Menschen im Kampf gegen das Virus Mikrochips einpflanzen und mithilfe der 5G-Strahlung die totale Kontrolle erlangen will. Einige Verschwörungsgläubige behaupten außerdem, dass Bill und Melinda Gates das Virus erfunden haben und dass das Coronavirus in Wahrheit gar nicht existiert. Andere glauben, dass das Virus im Labor erschaffen wurde, um die lange geplanten Ziele Wirklichkeit werden zu lassen.

Der Microsoft-Gründer leitet gemeinsam mit seiner Frau die „Bill und Melinda Gates Stiftung". Seit Jahren setzen sie sich für den Gesundheitsschutz ein. Nach den USA ist die „Bill und Melinda Gates Stiftung" der größte Geldgeber der WHO, deren wesentliche Aufgabe im Moment die Bekämpfung des Coronavirus ist. Die Stiftung finanziert rund zehn Prozent des Beitragsaufkommens der WHO und ist damit ein wichtiger Geldgeber. Grundsätzlich finanziert sich die Weltgesundheitsorganisation etwa zu 80 Prozent aus freiwilligen Beiträgen. Hierzu zählen auch die der „Bill und Melinda Gates Stiftung". Die übrigen zwanzig Prozent erhält die WHO aus Pflichtbeiträgen der Mitgliedsstaaten.

Bill Gates kann also tatsächlich einen gewissen Einfluss auf die WHO ausüben, weil die Mehrheit der freiwilligen Beiträge zweckgebunden zur Verfügung gestellt wird. Gates legt insbesondere auf die Maßnahmen zur Eindämmung von Infektionskrankheiten großen Wert, was schon länger bekannt ist und von unterschiedlichen Stellen kritisiert wird. Dazu zählen etwa die Verteilung von Medikamenten sowie Impfkampagnen. Ohne Zweifel hat Bill Gates einen großen Einfluss auf die WHO, jedoch ist er nicht ihr geheimer Chef. Selbst Kritiker*innen schätzen, dass sich die Stiftung von Gates finanziell für die Gesundheit der Weltbevölkerung engagiert. Über seine Organisation vergibt Gates mehrere Zuschüsse an verschiedene gesundheitliche Einrichtungen. So unterstützt er zum Beispiel die Erforschung von Infektionskrankheiten, weil er um deren Gefahr weiß. Die „Bill und Melinda Gates Stiftung" hat bereits mehr als eine Milliarde US-Dollar für globale Hilfen gegen das Coronavirus zur Verfügung gestellt. Sie unterstützten die Herstellung von Impfstoffen, Behandlungen und Diagnostika und all das, ohne dabei für ihre finanzielle Unterstützung einen Gewinn zu erhalten.

Woher die Verschwörungstheorie um Bill Gates genau kommt oder wer dahinter steckt, ist nicht wirklich nachvollziehbar. Die meisten Legenden stammen jedoch aus den USA und werden meistens von rechten Medien, Aktivist*innen und Netzwerken gestreut. Der Mythos um Bill Gates und das Coronavirus wird in Deutschland insbesondere durch den ehemaligen Moderator und Verschwörungstheoretiker **Ken Jebsen** verbreitet. Auf seinem YouTube-Kanal verbreitet er alle möglichen Verschwörungstheorien.

Verschwörungsglaube Nummer 1: Bill Gates will alle Menschen zwangsimpfen und überwachen

Einige Verschwörungsgläubige behaupten, dass Bill Gates einen globalen **Impfzwang** durchsetzen will. Die Ursache für diese Theorie liegt wahrscheinlich dem folgenden Zitat von Gates zugrunde: „Die Welt werde erst zur Normalität zurückkehren, sobald man der gesamten Menschheit einen Impfstoff verabreicht habe." Das Problem hierbei ist, dass das nicht der Wortlaut von Gates war. Das Original der falsch zitierten Aussage lautet nämlich: „It is fair to say things won't go back to truly normal until we have a vaccine that we've gotten out to basically the entire world.", was korrekt übersetzt das Folgende bedeutet: „Man kann durchaus sagen, dass die Dinge erst dann wieder wirklich normal werden, wenn wir einen Impfstoff haben, den wir nahezu der ganzen Welt zur Verfügung gestellt haben." Das starke Wort "verabreichen" wurde in der deutschen Übersetzung in das Zitat hineininterpretiert und spiegelt nicht das Original oder den Kontext wider.

Verschwörungsglaube Nummer 2: Bill Gates will die Bevölkerung durch die Impfungen reduzieren

Die Behauptung, dass Bill Gates durch die Impfungen die Bevölkerung **reduzieren** will, beruht auf einem Verschwörungsmythos aus dem Jahr 2014. Dieser Mythos besagt, dass sowohl die Gates-Stiftung als auch die WHO angeblich Impfungen in Kenia nutzten, um still und heimlich Sterilisationen durchzuführen. Obwohl diese Verschwörungstheorie längst widerlegt ist, gibt es weitere solcher Thesen. Angeblich gehöre Gates eine „Depopulations-Agenda", die im Sinn hat, dass die Nebenwirkungen der von Gates mitfinanzierten Corona-Impfstoffe ganz bewusst so gefährlich sind, dass sie die Population der Menschheit reduzieren können. Daher glauben einige Verschwörungstheoretiker*innen, dass Gates den Menschen ganz bewusst den vermeintlich schädlichen Impfstoff verabreichen will. Doch der Annahme, dass die Corona-Impfstoffe schlimmere Nebenwirkungen und Konsequenzen haben könnten als das Virus selbst, fehlt jegliche Grundlage.

Verschwörungsglaube Nummer 3: Bill Gates will den Menschen Mikrochips einpflanzen

Ein weiterer Verschwörungsglaube rund um Bill Gates zielt auf die angebliche Forderung Gates ab, mit Covid-19 infizierte Menschen digital zu **zertifizieren**. In einem Interview sagte Gates, dass wir irgendwann einige digitale Zertifikate haben werden. Aus diesen wird hervorgehen, wer sich vom Virus erholt hat, wer vor Kurzem getestet wurde oder wer wann geimpft wurde. Dabei bezog sich Gates jedoch nicht auf Mikrochips, die den Menschen eingepflanzt werden, sondern auf digitale Zertifikate, die helfen sollen, eine digitale Plattform zu erschaffen, die die Selbsttests von zu Hause erweitern würden. Dass Gates Vorhersage mit den digitalen Zertifikaten zur besseren Auskunft mit dem EU-Covid-Pass tatsächlich eingetreten ist, beweist keinesfalls, dass Gates Stiftung das Coronavirus erschaffen hat. Zudem wurde Gates Aussage mit anderen seiner Projekte vermischt, bei denen es um Forschungen zu Technik, zur digitalen Identifizierung, zu Verhütungsmethoden und zu Impfungen, die im Infrarotlicht auf der Haut angezeigt werden, ging.

Verschwörungsglaube Nummer 4: Die Gates-Stiftung hat das Coronavirus selbst entwickelt

Einige Verschwörungstheoretiker*innen behaupten, dass die Gates-Stiftung selbst das Coronavirus **entwickelt** hätte. Als vermeintlichen Beweis für diese Behauptung sehen sie ein Patent aus dem Jahr 2015 mit dem Titel „Coronavirus", das einem Institut gehört, das von der Stiftung unterstützt wird. Dabei übersehen sie jedoch, dass es sich dabei nicht um SARS-CoV-2 handelt, sondern um eine **Impfstoffentwicklung** gegen ein

Geflügelvirus aus der Gruppe der Coronaviren. Denn in der Immunologie ist die Veränderung des Erbguts von Erregern üblich, um diese so weniger gefährlich zu machen. Zudem finden sich in SARS-CoV-2 keinerlei Hinweise darauf, dass das Virus genetisch manipuliert wurde.

Die Anschuldigungen, dass der Microsoft-Gründer Bill Gates der alleinige Drahtzieher der Pandemie sei, basieren meistens auf wenigen, **aus dem Kontext gerissenen** oder sogar bewusst **falsch übersetzten** bzw. interpretierten Zitaten.

Michael Butter sieht für die Verschwörungstheorie um Bill Gates zum Beispiel die simulierte Pandemie der Gates-Stiftung im Jahr 2019 als Ursache. Das simulierte Virus stammte dabei aus China, wurde von Tieren auf Menschen weitergegeben und breitete sich anschließend im Rest der Welt aus. Bereits vor Corona galt dieser Ablauf als realistische Möglichkeit für den Beginn einer Pandemie. Viele Institutionen führten solche Simulationen durch, jedoch sind nur wenige so berühmt wie die Stiftung von Bill und Melinda Gates. Aus diesem Grund unterstellen Verschwörungsgläubige Gates ein Vorwissen oder sehen ihn sogar als Verantwortlichen für die Pandemie.

CHEMTRAILS

Das Wichtigste auf einen Blick:

- Manchmal hinterlassen Flugzeuge weiße Streifen, die am Himmel sichtbar sind. Diese weißen Streifen heißen Kondensstreifen.
- Kondensstreifen setzen sich vor allem aus Aerosolen und gefrorenem Wasserdampf zusammen.
- Einige Menschen bezeichnen dieses Phänomen als Chemtrails.
- Anhänger*innen dieser Verschwörungstheorie glauben, dass Flugzeuge gezielt Chemikalien in die Atmosphäre einbringen, um die Menschen auf der Erde gefügig zu machen und zu manipulieren.

Oftmals hinterlassen Flugzeuge weiße Streifen am Himmel. Obwohl die künstlichen Wolken schädlich für die Umwelt sind und zur Klimaerwärmung beitragen, sind die **Kondensstreifen** für uns Menschen weitgehend ungefährlich. Verschwörungstheoretiker*innen glauben jedoch, dass die Flugzeuge **gezielt Gifte in der Atmosphäre** versprühen, um **die Menschen zu manipulieren**. Der Glaube an die Verschwörungstheorie der **Chemtrails** gehört zu den am meisten verbreiteten Verschwörungstheorien.

Kondensstreifen sind künstliche Wolken, die gewöhnlich dünn und lang sind. Sie setzen sich aus Aerosolen wie Ruß und gefrorenem Wasserdampf zusammen. Sie entstehen in einer Höhe zwischen 8.000 und 12.000 Metern immer dann, wenn wasserdampfhaltige, heiße Abgase aus Flugzeugtriebwerken auf kalte Luft in der Umgebung stoßen. Flugzeuge werden mit Kerosin betrieben. Wenn dieser Kraftstoff verbrennt, bleiben nicht nur Wasserdampf und Kohlendioxid zurück, sondern auch Aerosole wie Ruß. An die Rußpartikel lagern sich dann die Wasserteilchen an und verwandeln sich in kleine Tröpfchen. Sobald diese auf die kalte Luft der Umgebung stoßen, bilden sich Eiskristalle. Damit das geschieht, muss es jedoch sehr kalt sein. Zudem lösen sich Kondensstreifen in trockener Luft schnell wieder auf, wohingegen die künstlichen Wolken in einer relativ feuchten Umgebung wachsen und mehrere Stunden bestehen bleiben können.

Einige Menschen bezeichnen dieses Phänomen als Chemtrails. Der Name setzt sich aus den Begriffen *chemicals* (Englisch für Chemikalien) und *contrails* (Englisch für Kondensstreifen) zusammen.

Anhänger*innen der Verschwörungstheorie der Chemtrails glauben nun, dass die weißen Streifen am Himmel schädliche Chemikalien sind, die gezielt aus Flugzeugen versprüht werden, um den Menschen zu schaden. Angeblich sollen die Flugzeuge auf ihrer Unterseite Klappen haben, hinter denen sich die giftigen Sprühvorrichtungen verstecken. Der Ursprung der Theorie ist unbekannt, jedoch weiß man, dass die Theorie um die Chemtrails etwa seit **Mitte der 90er-Jahre** im Internet existiert. Sie hält sich zwar hartnäckig, jedoch gibt es keinerlei Beweise.

Hinter den Chemtrails verbirgt sich angeblich die Elite, die die Menschen krank machen oder kontrollieren will. Einige Verschwörungsanhänger*innen glauben sogar, dass die Chemtrails bereits gezielt das Klima verändert haben. Dafür soll der UNO-Weltklimarat IPSS das geheime Projekt „Shield" gegründet haben. Die Anhänger*innen fühlen sich in ihrem verschwörerischen Glauben bestätigt, weil die Kondensstreifen auch an einem wolkenlosen Himmel zu sehen sind, nur bei einigen Flugzeugen entstehen, sich oft lange halten und wesentlich häufiger als früher zu sehen sind. Einige von ihnen wollen sich mit Kupferrohren vor ihnen schützen, da diese angeblich Schadstoffe in den Boden ableiten können. Andere Anhänger*innen tragen zum Schutz einen Alu-hut.

Auch wenn die Chemtrails-Theorie erst mal harmlos klingen mag, ist sie dies oft nicht. Die Bundeszentrale für politische Bildung berichtet, dass einige Chemtrailer*innen nachweisliche Verbindungen zum Rechtsextremismus haben.

Wie Wissenschaftler*innen den Glauben um die Chemtrails widerlegen

Dafür, dass sich Kondensstreifen auch an einem sonst wolkenlosen Himmel bilden, gibt es eine ganz einfache Erklärung: Damit Kondensstreifen entstehen können, muss die Luft weniger mit Feuchtigkeit gesättigt sein als bei natürlichen Wolken. Natürliche Zirruswolken bilden sich in dieser

Höhe bei einer Übersättigung von 40 Prozent, wohingegen für Kondensstreifen 20 Prozent ausreichend sind. Der Grund, warum künstliche Wolken nur bei manchen Flugzeugen entstehen, ist der Modernität der Maschinen geschuldet, denn diese stoßen kühlere Abgase aus als ältere Maschinen. Ihr Wassergehalt ist höher, weshalb sie mit größerer Wahrscheinlichkeit Eiskristalle bilden. Außerdem fliegen Flugzeuge heutzutage in größerer Höhe und stoßen mehr Wasserdampf aus. Somit können sich die Kondensstreifen auch wesentlich länger am Himmel halten. Aufgrund des stärkeren Flugverkehrs sieht man heute auch viel mehr Kondensstreifen als früher. Laut der Weltbank gab es im Jahr 1980 weltweit 642 Millionen Flugpassagier*innen, wohingegen die Zahlen im Jahr 2019 auf 4,5 Milliarden angestiegen sind. Somit gibt es viel mehr Luftverkehr und Flugzeuge als noch vor wenigen Jahren.

Ein weiteres Indiz, das Chemtrails-Vertreter*innen als vermeintlichen Beleg für ihre Theorie immer wieder anführen, sind Kondensstreifen in **geometrischen Mustern** und Kreisen. Doch auch dieser angebliche Beweis lässt sich wissenschaftlich erklären. Kondensstreifen können – je nach Art des Flugzeugs, Wetterlage und Flughöhe – unterschiedliche Formen annehmen. Mutmaßliche geometrische Muster, die den Anschein von fast exakt kreuzenden Streifen machen, können in Wirklichkeit einfach von Flugzeugen stammen, die in unterschiedlichen Höhenlagen fliegen. Denn die genaue Flughöhe ist vom Boden aus nicht ersichtlich. Auch für unterbrochene oder kurvige Kondensstreifen gibt es eine simple und logische Erklärung. Oftmals kommt es vor, dass Flugzeuge beim Anflug auf den Flughafen noch einige Minuten warten und somit ausweichen müssen. Sehr häufig fliegen sie dann in kleinen Kurven oder Schleifen, um die Zeit zu überbrücken. Dementsprechend kurvig sehen dann die entstandenen Kondensstreifen aus. Zudem sind Unterbrechungen in Kondensstreifen auf die Schwankungen des Wasserdampfgehalts in der Umgebung zurückzuführen. In der unteren Stratosphäre sowie in der oberen Troposphäre herrschen hohe Windgeschwindigkeiten, weshalb sich die Streifen schnell und auf kleinem Raum verändern können.

REPTILOIDE UNTER UNS

Das Wichtigste auf einen Blick:

• Anhänger*innen des Reptiloide-Verschwörungsmythos glauben, dass z. B. mächtige Politiker*innen in Wahrheit außerirdische Echsenmenschen sind.

• Die außerirdischen Echsenmenschen, die als Menschen getarnt überall auf der Welt lauern, bekleiden meistens hohe Ämter oder steuern die Medien.

• Ihr Ziel ist die Versklavung der Menschheit.

• Reptiloide sind eine Kreuzung aus Mensch und Reptil. Sie sind fiktive Wesen.

Angela Merkel, die Königin von England, der frühere Papst Benedikt XVI., Mark Zuckerberg und die Clintons sind laut Reptiloiden-Verschwörungsmythos **außerirdische Echsenmenschen**. Dabei sind **Reptiloide** fiktive Wesen. Sie sind eine Kreuzung aus Mensch und Reptil und kommen in vielen Science-Fiction-Romanen vor. Anhänger*innen der Reptiloiden-Verschwörungstheorie glauben, dass die außerirdischen Echsenmenschen **überall auf der Welt als Menschen getarnt** lauern. Dadurch können sie sich unbemerkt unters Volk mischen und **das Geschehen in der Politik sowie der Wirtschaft heimlich steuern**. Meistens **besetzen** sie **hohe Ämter** oder sie **steuern die Medien**. Das Ziel der Reptiloide ist die angebliche **Versklavung der Menschheit**. Häufig sind mit dem Reptiloiden-Glauben antisemitische und rechtsextreme Verschwörungsmythen, wie der Glaube an die New World Order (NWO) oder an die angebliche Weltelite, verknüpft.

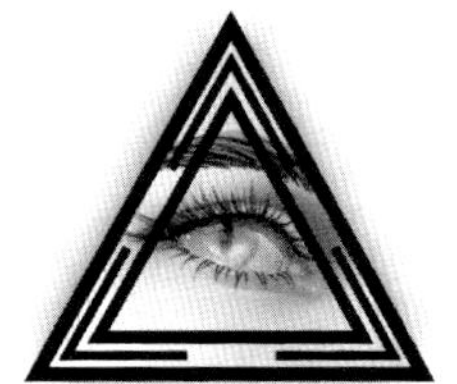

Anhänger*innen des Reptiloiden-Mythos gehen davon aus, dass die Menschheit **von einer geheimen Elite gesteuert** wird. Je nach Erzählung sind Bill Gates, die Rothschilds oder eben die Echsenmenschen diese Elite. Die Reptiloiden sollen zwar **außerirdisches Erbgut** haben, aber kaum von den Menschen zu unterscheiden sein. Bei Bedarf verwandeln sie angeblich ihre Gestalt, wofür sie allerdings menschliches Blut brauchen. Deshalb heißt es, dass Reptiloide nicht nur Aliens, sondern gleichzeitig auch **Vampire** sind. Einige Verfechter*innen der Theorie beschreiben die Echsenmenschen auch als Pädophile oder Höllenwesen. Aufgrund ihrer **menschlichen Gestalt** können die Reptiloiden angeblich kaum entlarvt werden. Sie würden sich nur ab und zu verraten, wenn ihre schlitzförmigen Echsenaugen für einen kurzen Moment aufblitzen. Verschwörungsgläubige führen als Beweise für ihre Behauptungen YouTube-Videos und Fotos an, doch in Wahrheit handelt es sich bei diesen entweder um Manipulationen oder um optische Täuschungen.

Der Verschwörungsmythos besagt, dass die Echsenmenschen Außerirdische sind, die aus dem Sternbild des Drachens stammen. Dieses Sternbild existiert tatsächlich und befindet sich zwischen dem Kleinen und dem Großen Bär am Himmel. Angeblich sind die Aliens vor langer Zeit auf der Erde gelandet und haben sich ganz heimlich unter die Menschen gemischt. Einige Verschwörungsgläubige sind sich sicher, dass die Reptiloiden im **Inneren der Erde** leben, weil diese in Wirklichkeit hohl sein soll. Vom Inneren der Erde aus steuern die Aliens angeblich die Bevölkerung über **implantierte Chips**. Eine andere Legende besagt, dass die außerirdischen Echsenmenschen ein **gemeinsames Bündnis mit dem Teufel** haben und von der Hölle auf der Erde stammen.

Reptilienartige Wesen kamen primär in Fantasy- und Science-Fiction-Literatur vor. Ihre Ursprünge gehen wahrscheinlich auf die Erzählung **„The Shadow Kingdom" (1929) von Robert E. Howards** zurück, die von gestaltwandelnden Schlangenmenschen, die im Verborgenen regieren, erzählt. Immer wieder wurde das Motiv der Reptiloiden in der Fantasy und in der Science-Fiction aufgegriffen und war in populären Serien wie „Doctor Who" und „Star Trek" zu sehen. Schließlich stellte der ehemalige britische Profifußballer sowie rechtsesoterische Publizist **David Icke** die Theorie auf, dass Reptiloide tatsächlich existieren. In seinem Buch „The biggest secret" aus dem Jahr 1999 beschrieb er die Kreuzung aus reptiloiden Alien-Rassen und dem Mensch. Er behauptete, dass diese angeblich bereits in der **Bibel** erwähnt worden sei, die schon immer vor Echsenmenschen mit besonderen Genen warnte. Die davon abstammende Blutlinie soll später dann angeblich Formwandler hervorgebracht haben, die sowohl menschliches Blut als auch Fleisch konsumieren können, um ihre optische Tarnung aufrechtzuerhalten.

Eine Umfrage von Public Policy Polling ergab, dass etwa zwölf Millionen US-Amerikaner*innen – das entspricht etwa 4 Prozent der US-Bevölkerung – davon überzeugt sind, dass außerirdische Echsenwesen existieren und eine neue Weltordnung eingeführt haben. Die Bundeszentrale für politische Bildung fand zudem heraus, dass es auch in Großbritannien einige Gläubige des Echsenmythos gibt. Die Anzahl der Anhänger*innen in Deutschland ist nicht bekannt.

Was ist dran am Echsenmythos?

Die Frage danach, ob außerirdisches Leben wirklich existiert, beschäftigt die Menschheit schon sehr lange. Viele Wissenschaftler*innen halten diese Möglichkeit allein aufgrund von Wahrscheinlichkeitsrechnungen für sehr realistisch. Da es dafür bislang jedoch noch keine Beweise gibt, fehlt damit auch dem Reptiloiden-Mythos die Grundlage. Anhänger*innen der Theorie hält das jedoch nicht davon ab, angebliche Beweise zu finden.

Menschen suchen für komplexe Vorgänge oftmals einfache Erklärungen und auf einmal scheinen außerirdische Echsenmenschen viel plausibler als die Funktionsmechanismen der Wirtschaft und der Politik. Genau dieses Funktionieren wird dann häufig in Science-Fiktion-Erzählungen und Serien aufgegriffen. Möglicherweise dient der Reptiloiden-Mythos auch als Ventil, um mit Ängsten besser umzugehen. Insbesondere Bücher, Filme und Serien können dann helfen, die Ängste metaphorisch aufzubereiten. Anscheinend wird diese Metaphorik von einigen

Menschen jedoch zu ernst genommen, sodass sie fiktive Wesen wie Reptiloide für real halten. Heutzutage neigen die Menschen eher dazu, fiktionale Dinge aus ihrem Kontext zu reißen und sie als real zu betrachten. Besonders das Internet und die sozialen Netzwerke tragen dazu bei, dass die Theorie ohne Angaben von Quellen ein Eigenleben entwickelt. Ohne Zweifel kann das Netz auf der anderen Seite jedoch auch ein wirksames Gegenmittel für solche Theorien sein.

Aus wissenschaftlicher Perspektive ist klar, dass die Kreuzung zwischen Menschen und Reptilien biologisch nicht möglich ist, denn die Spezies sind einfach viel zu verschieden. Allein das Erbmaterial von Menschen und Reptilien ist sehr unterschiedlich. Im Gegensatz zu den Menschen sind die Tiere wechselwarm. Ihre Temperatur wechselt in Abhängigkeit der Außentemperatur, wohingegen wir Menschen sehr viel Energie aufwenden müssen, um unsere Körpertemperatur konstant zu halten.

DIE 5G-VERSCHWÖRUNG

Das Wichtigste auf einen Blick:

- Mit 5G wird die fünfte Generation des Mobilfunks beschrieben. 5G ist ein Mobilfunkstandard, der seit dem Jahr 2019 an Verbreitung gewinnt.
- Seit der Corona-Krise werden zahlreiche Verschwörungsmythen über den neuen Mobilfunkstandard verbreitet.
- Einige Verschwörungstheoretiker*innen glauben, dass das 5G-Netz zur Pandemie beitragen könnte oder für diese sogar verantwortlich ist. Es soll die Kontrolle der Gedanken ermöglichen und Krebs bei Menschen sowie das Massensterben von Tierarten auslösen.

Während der Corona-Krise wurde immer wieder das Gerücht verbreitet, dass die **fünfte Generation des Mobilfunks zur Pandemie beitragen** würde oder **für diese sogar verantwortlich** sei. So glauben einige Verschwörungstheoretiker*innen, dass das **5G-Netz** die **Gedankenkontrolle** ermöglichen und **Krebs bei Menschen** sowie das **Massensterben von verschiedenen Tierarten** auslösen soll. Auch wenn diese Behauptungen längst widerlegt sind, gibt es in vielen Ländern der Welt, die Corona-Fälle haben, gar keine 5G-Netze. Doch trotzdem sind die Menschen davon überzeugt, dass die fünfte Generation schädlich sei und gravierende gesundheitliche Risiken für uns Menschen birgt. Angeblich soll der Mobilfunk mittels Datenübertragung im Zusammenhang mit Krebs und etwaigen Krankheiten des Nervensystems stehen. Aus diesem Grund wollen Verschwörungsgläubige, dass der Ausbau des 5G-Netzes unbedingt gestoppt wird. Sie glauben, dass uns sonst noch viel größere Gefahren für unser Leben drohen.

Eine Folge des 5G-Verschwörungsmythos sind die Anschläge, die es in mehreren Ländern auf die Mobilfunk-Infrastruktur gab. Besonders betroffen war Großbritannien, da es dort über Wochen fast jeden Tag Brandstiftungen an den Mobilfunkmasten gab, obwohl an vielen von ihnen nicht einmal 5G-Antennen installiert waren. Aber auch in Italien, den Niederlanden, Frankreich und in anderen Ländern wurden an Anlagen Brände verübt. Das Phänomen der Brandstiftung ist im Kontext von Verschwörungstheorien jedoch nicht neu. Diverse extreme Gruppen rufen seit Jahren aus verschiedenen Gründen zu Anschlägen auf die Kommunikationsinfrastruktur auf. Die Anlagen befinden sich sehr oft an einem einsamen Ort, der kaum bewacht wird. Außerdem sind die Mobilfunkmasten leicht zu finden. Damit ist das Risiko für die Täter*innen gering und der erzielte Effekt umso größer. Neben Masten und Leitungen werden vor allem auch Anlagen von Verkehrsbetrieben attackiert.

Verschwörungsglaube Nummer 1: Das 5G-Netz ist für Covid-19 verantwortlich

Ein Mythos, der sich hartnäckig um die 5G-Verschwörung hält, ist der Glaube daran, dass Covid-19 nicht durch den SARS-CoV-2-Coronavirus, sondern über das 5G-Mobilfunknetz übertragen wird. Einige Verschwörungsgläubige behaupten, dass die Metallstreifen in den chirurgischen Masken in Wahrheit Antennen des 5G-Netzes seien. Es gab sogar leichte Übergriffe auf Telekommunikationsmitarbeiter*innen sowie Zerstörungen von 5G-Antennen, weil die Verschwörungstheoretiker*innen davon überzeugt sind, dass diese für das Virus verantwortlich sind. Dabei gibt es keine wissenschaftlichen Beweise dafür, dass die Mobilfunkstrahlung Auswirkungen auf die Ausbreitung des Coronavirus hat, erklärt das Bundesamt für Strahlenschutz (BfS). Die Frequenzen, die für das 5G-Netz in Deutschland genutzt werden, werden schon seit Jahren eingesetzt. Ihre gesundheitlichen Wirkungen sind weitestgehend erforscht.

Verschwörungsglaube Nummer 2:
Das 5G-Netz ist ein gesundheitliches Risiko

Bereits lange Zeit bevor das Coronavirus die Welt in einen Lockdown schickte, gab es viele Theorien darüber, dass das 5G-Netz angeblich ein Gesundheitsrisiko darstellen würde. Im Vorfeld wurde dasselbe von dem 4G- und dem 3G-Netz behauptet. Gläubige gehen davon aus, dass die elektromagnetische Strahlung, die von der 5G-Kommunikation ausgesendet wird, für die Menschen schädlich ist.

Grundsätzlich ist es richtig, dass die abgestrahlten Wellen am hochfrequenten Ende des Spektrums, zum Beispiel Röntgenstrahlen, Krebs verursachen und unsere DNA schädigen können. Diese Strahlung nennt man ionisierende Strahlung. Doch 5G befindet sich im Frequenzspektrum viel weiter unten. Dort werden viel niedrigere Mengen an Strahlung emittiert. Somit liegt 5G im Teil des Spektrums, der nicht ionisierend ist – genauso wie Radio- und Mikrowellen sowie 4G und mit diesen Dingen leben wir schließlich auch seit vielen Jahren sicher. Selbst die WHO hat erläutert, dass die Nutzung von Mobiltelefonen keine nachteiligen Auswirkung auf unsere Gesundheit hat.

PIZZAGATE

Das Wichtigste auf einen Blick:

- Im Jahr 2016 wurden auf 4chan und Reddit unter dem Schlagwort Pizzagate Fake News zum US-amerikanischen Präsidentschaftswahlkampf verbreitet.
- Es wurde behauptet, dass eine Pizzeria in Washington D.C. ein Kinderpornoring sei, in den auch die Kandidatin Hillary Clinton verwickelt gewesen sein sollte.
- Es gab jedoch zu keinem Zeitpunkt feste Beweise für die Theorie.

Während des **US-Wahlkampfes 2016** verbreitete sich das Gerücht, dass Hillary Clinton, die als erste Frau für eine der beiden großen Parteien zur Präsidentschaftswahl antrat, im Zentrum eines **international agierenden Pädophilenrings** stehen würde. Laut Theorie sollte das Zentrum dieses Netzwerks **im Keller der Pizzeria *Comet Ping Pong* in Washington D.C.** sein. Angeblich sollte das Netzwerk **Kinder aus aller Welt entführen, missbrauchen und anschließend verkaufen**.

Der Besitzer der Pizzeria, **James Alefantis**, stand mit dem Wahlkampfmanager der Clintons, John Podesta, in E-Mail-Kontakt. Eines Tages griffen Unbekannte illegal auf die Mails von Podesta zu und veröffentlichten diese auf der Enthüllungsplattform Wikileaks. Daraufhin waren die Nutzer*innen der Website 4chan davon überzeugt, in alltäglichen gastronomischen Wörtern wie „Pasta", „Pizza" und „Sauce" **Codewörter** für „Mädchen", „Jungs" und „Orgie" zu erkennen, die normalerweise von Pädophilen im Netz genutzt werden.

Nun rückten nicht nur Alefantis Mails, sondern auch die Bilder auf seinem Instagram-Account unter Beobachtung. Dabei rückte ein Foto, auf dem Alefantis ein T-Shirt mit dem Aufdruck „J' <3 L'Enfant" (sinngemäß für: Ich liebe Kinder) trug, besonders in den Mittelpunkt. Das Foto sollte als weiterer Beleg für die Existenz des aus dem Keller agierenden Pädophilenrings sein. Auf Grundlage dessen entstand die Verschwörungstheorie, dass Hillary Clinton im Zentrum eines Kinderpornorings stehen würde. Daneben sollen auch Präsident Barack Obama und Lady Gaga mit in die Verbrechen verwickelt gewesen sein. Die Pizzagate-Verschwörungstheorie verbreitete sich rasant über Twitter, 4chan und Reddit. Nach Schätzungen des Nachrichtensenders CNN erfuhren bereits Millionen von Menschen Anfang Dezember 2016 von Pizzagate. Die Anschuldigungen der Verschwörungstheorie wurden mit dem Logo einer anderen Pizzeria

desselben Häuserblocks gestützt. Das Logo der Pizzeria würde dem Pädophilensymbol ähnlich sehen, welches 2007 vom FBI dokumentiert worden war.

Diese rituelle Gewalt der Verschwörungstheorie Pizzagate knüpft an die moralische Panik aus den 1980er-Jahren an. Damals war die amerikanische Öffentlichkeit beunruhigt, weil eine Vielzahl von Berichten über eine angebliche massenhafte rituelle Gewalt im Kontext von satanistischen Sekten an die Öffentlichkeit drang.

Es gab jedoch zu keinem Zeitpunkt handfeste Beweise, die darauf hindeuteten, dass die Behauptungen und Spekulationen über die Pizzeria der Wahrheit entsprachen. Es gab weder Hinweise noch Opfer oder Zeugen und auch der Keller der Pizzeria, der immer wieder von den Anhänger*innen der Theorie heraufbeschworen wurde, existierte nicht. Trotz dessen drang am 4. Dezember 2016 ein Mann in die Pizzeria in Washington D.C. ein, der mit einem Gewehr vom Typ AR-15 bewaffnet war. Er wollte die angeblich verschleppten, festgehaltenen und missbrauchten Kinder aus dem Keller befreien. Die Pizzagate-Verschwörung erreichte ihren bisherigen Höhepunkt, als der Angreifer zwei Schüsse auf das Türschloss und den Computer abgab. Doch der Mann konnte in der Pizzeria nichts finden und musste feststellen, dass es auch keinen Keller gab. Daraufhin ließ er sich widerstandslos festnehmen. Obwohl niemand verletzt wurde, wurde der Angreifer am 22. Juni 2017 zu einem Schadenersatz von 5744 US-Dollar an die Pizzeria sowie zu vier Jahren Gefängnis verurteilt.

Im Zuge der Verschwörung wurden eine weitere Pizzeria in Washington D.C. sowie eine andere in New York genannt, die Unmengen an Drohanrufen erhielten. Hierfür waren vor allem YouTube-Videos verantwortlich. Ab Oktober 2017 griff schließlich auch „Q" (QAnon) auf die Imageboards der Geschichte zu und aktualisierte und erweiterte diese fortlaufend. Auch heutzutage hat die Pizzagate-Theorie immer noch Bestand. So dient sie beispielsweise als Grundlage der QAnon-Verschwörung, bei der der Gedanke um den Pädophilenring einfach auf eine weltweite, nicht exakt definierte Elite ausgeweitet wurde.

QANON

<u>Das Wichtigste auf einen Blick:</u>

- QAnon ist eine im Netz entstandene Bewegung. Sie begann im Oktober 2017, als ein anonymer User namens "Q" einen kryptischen Text auf der Website 4chan postete.
- "Q" habe angeblich die höchste nichtmilitärische US-Sicherheitsstufe "Q".
- Die Texte der QAnon-Verschwörung werden Q-Drops genannt.
- Meistens sind die Q-Drops kryptisch oder komplett unverständlich. Fast immer setzen sie sich aus Fragen oder einzelnen Satzfetzen zusammen, deren Hauptthema der Mythos um eine dunkle und im Geheimen agierende Elite ist, welche die USA anhand des **deep states** (tiefen Staates) unter Kontrolle gebracht haben soll.
- QAnon greift auf antisemitische Feindbilder zurück.

Falls man sich nur für diese eine Verschwörungstheorie interessieren sollte und sie noch einmal genau nachlesen möchte, ist sie an dieser Stelle der Vollständigkeit halber erneut aufgeführt.

QAnon ist weder eine feste Struktur noch eine Organisation. Vielmehr ist es eine Bewegung, eine Legende, die im Netz entstanden und sukzessiv auch in der realen Welt sichtbar wurde. Verbreitet ist die QAnon-Bewegung insbesondere in den USA, wobei sie inzwischen auch in Deutschland Fuß gefasst hat.

Gegen Ende des Jahres 2017 erschien auf dem für extremistische Posts bekannten Diskussionskanal der Seite 4chan ein anonymer und kryptischer Text. Eine Aussage des Textes behauptete, dass Hillary Clinton bald verhaftet werden würde. Der Text hätte kaum Beachtung gefunden, wenn sich nicht ein YouTuber und zwei Moderatoren der 4chan-Website zusammengetan und eine Legende um diesen sowie nachfolgende Texte gestrickt hätten. Sie behaupteten, dass der*die Autor*in des

Textes die höchste nichtmilitärische US-Sicherheitsstufe "Q" und damit Zugang zu den nuklearen Geheimnissen des Landes hätte. Damit war der QAnon-Mythos geboren.

Wie viele Menschen hinter dem Netzwerk stecken, ist nicht bekannt. Genauso wenig nachweisbar ist auch, wer den entsprechenden ersten Text verfasst und ob die nachfolgenden Posts von ein und derselben Person bzw. Gruppe stammen. Denn auf der 4chan-Website herrscht keine Registrierungspflicht und deshalb absolute Anonymität. Einige Menschen glauben, dass die drei Menschen, die die QAnon-Theorie öffentlich und somit bekannt machten, diese unterstützen würden, um ihren eigenen Lebensunterhalt zu verdienen. Andere Menschen behaupten sogar, dass sie die ursprünglichen Verfasser*innen der Beiträge sind.

Obwohl die Identität des*der Autors*in bzw. der Autor*innen unbekannt ist, ist die Historie der Verbreitung ausführlich verzeichnet. Die Verschwörungstheorie hat sich nicht nur durch etliche Videos auf YouTube, Reddit-Archiven und Beiträgen in den sozialen Medien verbreitet, sondern auch durch öffentliche Aufzeichnungen, die von den NBC News gegengeprüft wurden.

Die Texte der QAnon-Verschwörung werden **Q-Drops** genannt. Oftmals sind diese kryptisch oder komplett unverständlich. Meistens setzen sie sich aus Fragen oder Satzfetzen zusammen, deren Hauptthema durchgängig der Mythos um eine dunkle und im Geheimen agierende Elite ist, welche die USA anhand des **deep states** (tiefen Staates) unter Kontrolle gebracht haben soll. Den vermeintlich schuldigen Personen aus den Bereichen Medien, Unterhaltung oder Politik werden sadistische, satanistische sowie pädophile Handlungen unterstellt. So sollen sie in unterirdischen Kellern mehrere Kinder eingesperrt haben, um sie sexuell zu missbrauchen, und aus ihnen das körpereigene Stoffwechselprodukt Adrenochrom gewinnen, um sich so jung zu halten oder high zu werden. Über Donald Trump wird berichtet, dass er der Auserwählte sei, der zur Wahl angetreten ist, um dieser Verschwörung ein Ende zu setzen, die Opfer zu befreien und die Verschwörer*innen zur Verantwortung zu ziehen. Im Zentrum der Verschwörungen stehen unter anderem Barack Obama, Hillary Clinton und George Soros.

Die Verschwörungstheorie um QAnon ist nicht mehr nur Theorie, sondern wird auch immer mehr im realen Leben mit Gewalt in Verbindung gebracht. So waren Anhänger*innen angeblich für einen schlimmen Waldbrand in Kalifornien sowie für eine bewaffnete Kontroverse mit einem lokalen Beamten der Polizei in Arizona verantwortlich. Im März 2019 erschoss ein 24 Jahre alter US-Amerikaner den New Yorker Mafiaboss Frank Cali, weil er davon überzeugt war, dass dieser ein Agent des deep states gewesen sei. Auch der Terrorist von Hanau (Februar 2020) wird mit dem Q-Verschwörungsmythos in Verbindung gebracht.

QAnons Reiz liegt zweifellos im spielerischen Charakter. Sehnsüchtig warten seine Anhänger*innen auf die Hinweise von "**Q**", die dieser auf dem Message-Board hinterlässt. Sobald die ersten Hinweise auftauchen, werden die rätselhaften Beiträge gemeinsam mit den Tweets, Nachrichtenartikeln und Reden Trumps von den Gläubigen analysiert. Ihr Ziel ist es, Beweise zu finden, um die Hauptaussage, dass Trump einen Krieg gegen das Böse gewinnt, zu bestätigen.

Inzwischen gibt es in YouTube-Videos, in Foren und anderen persönlichen Seiten Unmengen an Kommentator*innen, die die Posts von "Q" untersuchen. Zunächst wurde die Verschwörungstheorie um QAnon nur von wenigen Menschen vertreten. Sie schlossen sich zusammen, um Diskussionen über die Posts zu entfachen und somit der Theorie letzten Endes eine viel größere Plattform zu ermöglichen. In der Verbreitung von QAnon sowie zum finanziellen Gewinn hat sich diese Theorie nämlich als erfolgreicher Schlüssel erwiesen.

Bereits vor der **Ära Q** gab es zahlreiche anonyme Poster*innen, die sogenannten **Anons**, die auf der Website von 4chan behaupteten, einen besonderen Zugang zur Regierung zu haben. Im Jahr 2016 trat ein selbst ernannter hochrangiger Stratege und Analyst, der **FBIAnon**, in Erscheinung. Er bat Informationen über die Untersuchungen gegen die Clinton-Stiftung an. Anschließend trat **HLIAnon** an die Öffentlichkeit, wobei die ersten Buchstaben des Wortes ein Akronym für *High Level Insider* sind. **HLIAnon** verbreitete finstere Verschwörungen in Rätseln verpackt. In einer dieser Verschwörungen wurde zum Beispiel behauptet, dass Prin–

zessin Diana ermordet worden sei, weil sie im Vorfeld Kenntnis von 9/11 bekam und versuchte, die Terroranschläge zu verhindern. Anfang des Jahres 2017 tauchten **CIAAnon** und **CIA Intern** in die Foren ein. Im August publizierte ein sogenannter **WH Insider Anon** eine vermeintliche Vorankündigung auf etwas, das im Zusammenhang mit dem Democratic National Committee (DNC) und undichten Stellen geschehen würde.

Zu Beginn war QAnon erst einmal nur ein zusätzlicher und zugleich unauffälliger Teil des Anon-Genres. Doch im November 2017 kontaktierten zwei Moderatoren des 4chan-Boards unter den Benutzernamen *BaruchtheScribe* (Paul Furber) und *Pamphlet Anon* (Coleman Rogers) die Radiomoderation und YouTuberin *Tracy Diaz*, um die Botschaften und Vorhersagen von "Q" weiterzuverbreiten. Sie selbst ist für ihre YouTube-Videos bekannt, in denen sie Veröffentlichungen von Wikileaks analysierte und eine Diskussion über die **Pizzagate-Verschwörung** führte. Die Pizzagate-Verschwörung behauptete, dass ein Pizzaladen in Washington das Zentrum eines Kinderporno-Rings sei. Diaz versprach sich von dem Zusammenschluss mit den beiden Moderatoren, eine Anhängerschaft für QAnon und somit auch für sich selbst aufzubauen.

Nur sechs Tage nach dem ersten 4chan-Post veröffentlichte Diaz am 3. November 2017 ein Video, in dem sie ihren Zuschauer*innen die QAnon-Verschwörungstheorie vorstellte. Damals sagte sie selbst, dass sie diese Art von Videos normalerweise nicht drehen würde, sie aber gleichzeitig von der Echtheit der Theorie überzeugt sei und ihr Publikum deshalb darüber unterrichten möchte. Ihr Video wurde etwa 250.000-mal angesehen und machte sie zu einem der ersten Menschen, die die Posts von "Q" aufgriffen und für ein Publikum decodierten. Im Anschluss folgten hunderte weitere Videos zum Thema. Sie alle enthielten den Aufruf danach, über ihre Links von PayPal- oder Patreon-Konten Geld zu spenden.

Diaz sprach in einem ihrer Blog-Posts die Empfehlung aus, auf die nutzerfreundlichere Website Reddit zu wechseln, um ein Mainstream-Publikum zu erreichen. Denn es gibt zahlreiche und vor allem ältere Menschen, die sich in den Foren am Gesellschaftsrand nur schwer zurechtfinden können. Archive, in denen sie und die beiden Moderatoren als ursprüngliche Poster*innen angeführt werden, geben Aufschluss darüber, dass sie die neue Reddit-Gemeinschaft **CTBS_Stream** gründeten. In der CTBS_Stream-Gemeinschaft, Kurzform für *Calm Before The Storm*, versammelten sich schnell Abonnenten und Abonnentinnen, um über alles zu reden, was "Q" betraf.

Der Umzug zu Reddit war schlussendlich der goldene Schlüssel für die Verbreitung der QAnon-Verschwörung. Denn auf der Website gelang es erstmalig, ein weitaus größeres Publikum anzusprechen und durch die Untersuchungen und Analysen der einzelnen Q-Posts Diskussionen zu entfachen. Leise schlich sich QAnon von Reddit zu Facebook, wo die Verschwörung in hunderten von privaten sowie öffentlichen Gruppen neue und ältere Anhänger*innen fand. Diese wechselten zur Website von **8chan**, um die ursprüngliche Quelle aufzurufen und direkt interagieren zu können. Im Vorfeld wurden die Q-Posts im November von der 4chan-Website zu ihrem noch finsteren Ableger 8chan verschoben, weil ein publizierter Beitrag behauptete, dass das anfängliche Board infiltriert worden sei. 8chan ist berühmt und berüchtigt dafür, dass es keinerlei Regeln gibt. Demnach kann selbst Kinderpornografie auf der Website veröffentlicht werden.

Diaz drehte weiterhin zahlreiche Videos, sodass sie, gemeinsam mit den beiden anderen Moderatoren, im Laufe der folgenden Monate Zehntausende von Anhänger*innen gewinnen konnte. Das gesamte Team rund um Diaz verbrachte daraufhin viel Zeit in den Chaträumen des Forums Discord. Sie konzentrierten sich auf die Decodierung und Analyse von Q-Botschaften und planten die enorme Ausdehnung und Verbreitung der Botschaften.

Im März 2018 schloss Reddit das Forum mit der Begründung, es würde zu Gewalttaten anstiften und vertrauliche sowie persönliche Informationen veröffentlichen. Furber wurde bereits im Vorfeld von der Website verbannt. Angeblich drohte er mit der Veröffentlichung der persönlichen Daten eines Nutzers. Daraufhin wurde er aus den privaten Q-Diskussionsgruppen verdrängt. Furber selbst glaubte inzwischen, dass das Q-Forum von Betrüger*innen übernommen worden sei. Währenddessen entwickelte Rogers viel größere Pläne. Nach seiner Bannung von Reddit plante er die Ersetzung der Mainstream-Medien durch ein ständig streamendes YouTube-Netzwerk. Dieses Netzwerk sollte aus all den "Forschenden " bestehen, die die Hinweise von "Q" zusammenstellten.

Rogers rief gemeinsam mit seiner Frau innerhalb von einem Monat die *Patriots' Soapbox*, ein 24 Stunden live streamender YouTube-Kanal für Diskussionen und Studien rund um QAnon, ins Leben. Der Kanal übertrug Chaträume von Discord, die von einem ständigen Audiokommentar begleitet wurden. Rogers und seine Frau nutzten den Kanal zudem für Spendenaufrufe. Rogers stritt jedoch öffentlich ab, dass er der Autor der "Q"-Posts sei, obwohl er selbst andeutete, dass er in naher Zukunft von den nationalen Nachrichten für den Autor gehalten werden würde.

Als QAnon zunehmend Popularität gewann, führte die anwachsende Skepsis gegenüber den Motiven der Anhänger*innen dazu, dass vereinzelt Menschen ihre Paranoia in den verschwörerischen Kreisen des Internets gegen die Gruppe richteten. So wurden Rogers und Diaz zum Beispiel beschuldigt, selbst von den Spenden der Bewegung zu profitieren. Zudem wurde die Rolle der beiden bei der Förderung von "Q" infrage gestellt sowie auf zahlreiche Fehler hingewiesen, die angeblich aufzeigen, dass die beiden bereits seit Beginn in die Theorie verwickelt gewesen sein könnten. Als Reaktion darauf bestritten Rogers und Diaz sowohl, dass sie "Q" sind, als auch, dass sie wüssten, wer sich hinter "Q" in Wirklichkeit verbirgt. Nichtsdestotrotz verwiesen Skeptiker*innen auf zwei Videos, in denen Rogers angeblich Insiderwissen über das Konto von "Q" hätte. Angeblich zeigt ein archivierter Livestream, wie sich Rogers in "Q"s 8chan-Konto einloggte. Rogers unterbrach den Stream urplötzlich mit der Begründung, dass er einen Beinkrampf habe. In einem anderen Video, welches per Livestream übertragen wurde, begann Rogers, einen vermeintlichen Beitrag von "Q" zu analysieren, bevor sein Co-Moderator darauf hinwies, dass der Beitrag anonym verfasst wurde und überhaupt nicht im Feed von "Q" erschienen ist. Rogers erklärte diesen Zwischenfall damit, dass "Q" wohl vergessen habe, sich einzuloggen. Viele mit den Message-Boards vertraute Menschen kritisierten diese Erklärung als äußerst unwahrscheinlich.

Doch trotz der zunehmenden Skepsis bleiben die zahlreichen Anhänger*innen, die ganz fest an die QAnon-Verschwörungstheorie glauben. Die größte nicht-englischsprachige Community des **QAnon-Kults** findet sich übrigens in Deutschland wieder. Wurden die QAnon-Behauptungen in Deutschland zu Beginn vornehmlich von Rechtsradikalen geteilt, wurden sie auch im Zuge des Coronavirus und den damit einhergehenden Maßnahmen immer populärer. Die prominentesten Vertreter sind hierbei sicherlich der Sänger Xavier Naidoo sowie der Kochbuch-Autor Attila Hildmann.

QAnon-Anhänger*innen erkennt man neben dem offen getragenen Buchstaben Q auch an dem Slogan *"Where we go on, we go all"* (Abkürzung: WWG1WGA), was so viel wie "Dort, wohin einer geht, dorthin gehen alle" bedeutet. Inzwischen gibt es auf zahlreichen Online-Plattformen Fanartikel von QAnon zu erwerben, denn Verschwörungstheorien sind ein gutes Mittel, um viel Geld zu erwirtschaften. Die QAnon-Bewegung wurde von der US-Bundespolizei im Jahre 2019 als inländische Terrorismusgefahr eingestuft, weil sich Täter*innen bei mehreren gewalttätigen Ereignissen als Rechtfertigung auf QAnon beriefen.

Auch wenn die QAnon-Bewegung bizarre Verschwörungsmythen verbreitet, ist sie ohne Zweifel einfluss- und erfolgreich. Die Erzählung rund um QAnon bedient sich dabei zwar aller wichtiger Faktoren des Verschwörungsmythos, weist jedoch auch viele Merkmale einer Sekte auf. Zum einen liefert sie universelle Erklärungsmodelle und eindeutige Feindbilder, zum anderen vermittelt sie ihren Anhänger*innen aber auch das Gefühl, Teil einer Elite zu sein, die für das Gute kämpft und über

Geheimwissen verfügt. Sie leugnet die Existenz komplexer Zusammenhänge und des Zufalls und Gegenbeweise sind für sie unmöglich. Wer nur den kleinsten Zweifel äußert oder der QAnon-Erzählung in kleinster Weise widerspricht, wird zum Feind. Expert*innen sehen aus diesen Gründen sektenähnliche Strukturen in der QAnon-Bewegung.

Die QAnon-Legende weist klare Bezüge zu religiösen und apokalyptischen Motiven auf und knüpft an bestehende Abneigungen aus der Vergangenheit an. Dabei fallen vermehrt antisemitische Konnotationen und Muster auf, die immer wieder deutlich zu erkennen sind.

CORONA

Das Wichtigste auf einen Blick:

- Seit dem Beginn der Pandemie feiern Verschwörungsmythen Hochkonjunktur. Sie sind im Diskurs zwar präsenter geworden, haben aber nicht zugenommen.
- Um das Coronavirus ranken sich unzählige Mythen, die weltweite Verbreitung genießen. So glauben einige, dass das Virus harmlos sei oder eine aus dem Labor stammende Biowaffe ist. Andere sind überzeugt, dass der mRNA-Impfstoff die menschlichen Gene verändert.
- Viele Verschwörungsmythen rund um Corona finden sich auch in anderen Verschwörungstheorien wieder.

Seit Beginn der Pandemie haben sich etwa 220 Millionen Menschen weltweit mit dem Coronavirus infiziert. Doch die Zahl derjenigen, die seitdem Verschwörungsmythen verbreiten, könnte womöglich noch viel höher sein.

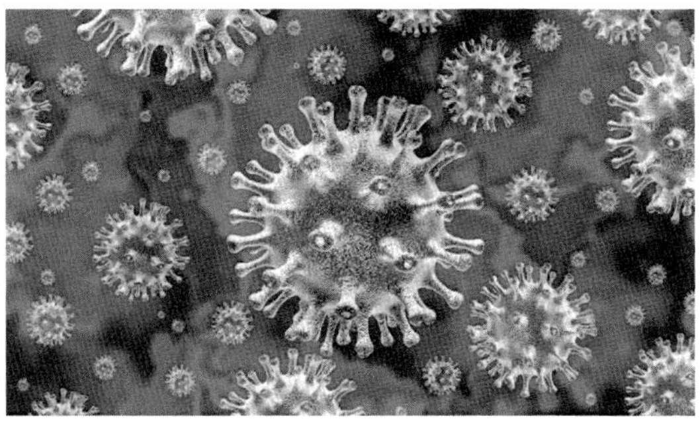

Verschwörungsmythen sind zwar seit Beginn der Pandemie im Diskurs präsenter geworden, haben aber, wie mehrere repräsentative Studien eindeutig belegen, nicht zugenommen. Verschwörungstheorien sind durch das Internet lediglich sichtbarer geworden, denn die Vernetzung von Anhänger*innen ist heutzutage kinderleicht. Die Menschen, die schon immer eine Neigung zum verschwörungstheoretischen Glauben hatten, sind in der Pandemie in ihrer Überzeugung bestärkt worden. Das führte dazu, dass sie viel eher über ihre Gedanken und Einstellungen gesprochen haben. Aus diesem Grund scheint es auch, als hätte es eine Zunahme gegeben.

Neben dem Internet gibt es aber noch weitere Faktoren, die Verschwörungsmythen sichtbarer gemacht haben. Die Mehrheit der Menschen, die an Verschwörungstheorien glauben, sind sich darüber bewusst, dass ihr Umfeld das wahrscheinlich nicht tut. Doch seit Beginn der Pandemie sind wir praktisch gezwungen, uns zu positionieren. Waren wir vor der Corona-Krise beispielsweise davon überzeugt, dass die Terroranschläge vom 11. September 2001 von den Amerikaner*innen geplant waren, hatte dieser Glaube keinen Einfluss auf unseren Alltag.

Doch seit Beginn der Corona-Pandemie sind die Menschen in ihrem Alltag plötzlich eingeschränkt. Glauben sie nun, dass alles einem geheimen Plan folgt und alles auf Lügen und Betrug basiert, werden sie jede einzelne Sekunde des Tages daran erinnert. Es fühlt sich an, als würde die Verschwörung ihnen keine ruhige Minute mehr lassen. Solche Gedanken besitzen ein riesiges Mobilisierungspotenzial, weshalb diverse Verschwörungstheorien auch so zahlreiche Anhänger*innen haben.

Verschwörungsglaube Nummer 1: Das Coronavirus ist harmlos

Die Vorstellung, dass das Coronavirus in Wahrheit eine normale Erkältung bzw. Grippe ist, hält unter Verschwörungsgläubigen weiterhin an. Doch die zahlreichen Todesfälle sind faktisch gegeben. Das Coronavirus verläuft nicht bei allen Menschen schwer, jedoch kann der Glaube daran, dass das Coronavirus harmlos ist, gefährlich werden, wenn man jemand anderen ansteckt, der ein*e Risikopatient*in ist. Dadurch, dass Corona das Nervensystem, die Organe, die Lunge und das Hirn befällt, sind die Langzeitschäden gravierend. Weiterhin ist bis auf eine intensivmedizinische Beatmung kaum eine Therapie gegen die systematische Covid-19-Erkrankung vorhanden. Im schlimmsten Fall kann eine Infektion mit dem Virus tödlich enden, denn das Virus ist dem menschlichen Körper unbekannt, sodass er nicht immun dagegen ist.

Verschwörungsglaube Nummer 2: Durch Corona soll eine neue Weltordnung geschaffen werden

Angeblich wird die Krise um die Corona-Pandemie von Geheimgesellschaften ausgenutzt, um eine autoritäre, neue Weltordnung zu erschaffen. Oftmals steht dieser Verschwörungsmythos im Kontext der Abschaffung von Bürgerrechten, der Militärpräsenz sowie des Zusammenbruchs des Finanzsystems.

Besonders in rechtsextremen Kreisen ist die Vorstellung einer "Neuen Weltordnung" (NWO) ein beliebter Verschwörungs- und Esoterikermythos. Es gibt ihn etwa seit den 1990er Jahren. Größtenteils wird die jüdische Bevölkerung als Feindbild angesehen. Je nach Auslegung des Mythos glauben sogar einige Verschwörungstheoretiker*innen, dass die Menschheit von Vampir-Außerirdischen versklavt wird. Auch Reichsbürger, die Deutschland für eine GmbH halten, werben für eine "Neue Weltordnung".

Verschwörungsglaube Nummer 3: Das Coronavirus ist eine aus dem Labor stammende Biowaffe

Einige Verschwörungsgläubige denken, das Coronavirus stammt aus einem Labor in Wuhan. Andere glauben hingegen, dass das Virus aus den USA kommt. Seit Beginn der Pandemie verbreiten vor allem die russischen Medien Spekulationen darüber, dass das Coronavirus eine Biowaffe sein könnte, die im Lugar Centre for Public Health Research in Georgien entwickelt worden sei. Verschwörungstheoretiker*innen behaupten, dass dieses Labor von den USA aufgebaut und ausgestattet wurde.

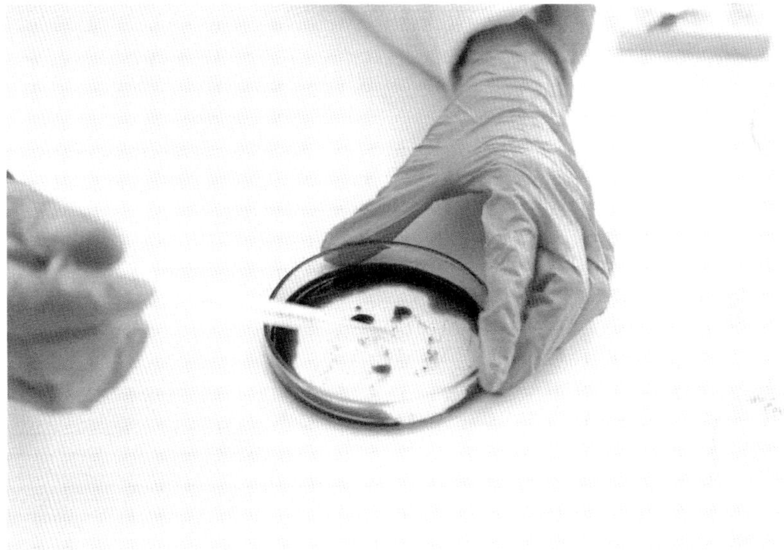

Anfang des Jahres 2021 fuhren die Kommission aus WHO-Expert*innen sowie chinesische Wissenschaftler*innen nach Wuhan, wo jedoch die chinesische Staatsführung die Einsicht in die Originalunterlagen verweigerte.

Genauso wie MERS-CoV im Jahre 2012 vom Dromedar auf den Menschen übertragen wurde, halten auch die meisten Wissenschaftler*innen den Ursprung von SARS-CoV-2 in der Natur für wahrscheinlich. Da

China allerdings die Einsicht in die Dokumente sowie eine umfangreiche Aufarbeitung verweigert, wird auch ein Laborunfall von einigen Wissenschaftler*innen nicht ausgeschlossen. Anfang 2015 wurde in Wuhan das Wuhan Virologie-Institut eingeweiht. Es ist das bisher einzige offizielle chinesische Labor, das die biologische Schutzstufe 4 hat. Ausschließlich jene Hochsicherheitseinrichtungen haben die Befugnis, mit Biostoffen der höchsten Risikogruppe zu arbeiten.

Verschwörungsglaube Nummer 4: Bill Gates will die Menschen zwangsimpfen und durch Mikrochips überwachen

Dem Microsoft-Gründer Bill Gates wird unterstellt, er solle die Menschen zwangsimpfen lassen und ihnen gleichzeitig winzige Mikrochips in den Körper injizieren. Sein Ziel sei die totale Kontrolle der Menschheit. Damit würde es Gates auch endlich gelingen, seinen sehr lange vorbereiteten Plan zur Dezimierung der Weltbevölkerung umzusetzen, so die Verschwörungsgläubigen.

In Deutschland besteht seit dem 1. März 2020 eine Impfpflicht gegen Masern für alle Kinder ab dem vollendeten ersten Lebensjahr, wenn sie in den Kindergarten oder die Schule eintreten. Doch niemand wird betäubt, festgehalten und gegen seinen Willen zwangsgeimpft, denn in Deutschland besteht kein Impfzwang. Die Vorstellung, dass Bill Gates der alleinige Drahtzieher der Pandemie und der Staatsfeind Nummer 1 ist, basiert meistens auf aus dem Kontext gerissenen und bewusst falsch übersetzten bzw. interpretierten Zitaten (siehe Verschwörungstheorie zu Bill Gates).

Verschwörungsglaube Nummer 5: Der mRNA-Impfstoff verändert die menschlichen Gene

Da die Impfstoffe auf mRNA-Technologie setzen, behaupten einige Verschwörungstheoretiker*innen, dass die Impfstoffe gefährlich seien. Angeblich werden an uns Genexperimente durchgeführt, an denen wir sterben und Frauen unfruchtbar werden würden.

Unsere Erbinformation ist in Form einer doppelsträngigen DNA gespeichert, weshalb sich die einsträngige RNA hier nicht integrieren kann. Die Bauanleitung für das Protein, das auf der stacheligen Hülle des Coronavirus sitzt, befindet sich auf der messenger-RNA (Boten-RNA). Der menschliche Körper wird von diesem Protein nachgebaut, wodurch es umgehend mit einer Immunantwort reagiert. Kommen wir nun mit den echten Erregern in Kontakt, schützt sich der Körper durch die Impfung vor der Erkrankung. Ein Erklärvideo dazu nochmal im QR Code oder als Link.

https://bit.ly/3DTRdaL

Außerdem wurden die mRNA-Wirkstoffe bereits an Menschen eingesetzt, bevor an den Corona-Impfstoffen geforscht wurde, zum Beispiel bei Impfstoffen gegen Krebs. Im Bereich der mRNA-Technologie kann allein das deutsche Unternehmen BioNTech auf eine Erfahrung von zwanzig Jahren zurückgreifen.

Verschwörungsglaube Nummer 6: Das 5G-Netz verbreitet das Coronavirus

Einige Verschwörungstheoretiker*innen glauben, dass die fünfte Generation des Mobilfunks – 5G – für die Verbreitung des Coronavirus verantwortlich ist. Diese Behauptung führte insbesondere in Großbritannien zu vielen Brandstiftungen an den Sendemasten. Angeblich sollen auch die Menschen in Wuhan an der Strahlung des 5G-Netzes erkrankt und in der Folge gestorben sein und nicht aufgrund des Virus. Je nach Auslegung des Mythos soll die Strahlung das Virus auch aktivieren. Verschwörungsanhänger*innen behaupten, dass es in Afrika keine Corona-Toten geben würde, weil es dort auch kein 5G-Netz gibt.

Dabei bezeichnet 5G nur die fünfte Generation der drahtlosen Netzwerktechnik, die seit 2019 an Verbreitung gewinnt. Außerdem bestätigt das Bundesamt für Strahlenschutz (BfS), dass es keine wissenschaftlichen Beweise dafür gibt, dass die Mobilfunkstrahlung Auswirkungen auf die Verbreitung des Virus hat. 5G wird durch Funkwellen über Mobilfunkmaste übertragen. Diese sind jedoch nicht-ionisierend, sie können also die im Zellinneren des menschlichen Körpers liegende DNA nicht schädigen. Außerdem kommen die Frequenzen, die in Deutschland für das 5G-Netz genutzt werden, schon seit Jahren zum Einsatz. Ihre gesundheitlichen Auswirkungen sind weitestgehend erforscht. Darüber hinaus brach SARS-CoV-2 in Wuhan aus, doch das 5G-Netz wurde zuerst in Südkorea sowie in einigen Teilen der Vereinigten Staaten aktiviert. Zudem sind gerade einmal zehn Prozent der Stadt Wuhan mit dem 5G-Netz ausgestattet. Und zuletzt gibt es leider auch in Afrika zahlreiche Corona-Todesfälle zu beklagen.

Verschwörungsglaube Nummer 7: Unsere Gedanken werden von finsteren Mächten kontrolliert

Immer wieder sieht man Bilder von Verschwörungstheoretiker*innen, die auf Demonstrationen gegen die Maßnahmen und die damit verbundenen Einschränkungen während der Pandemie eine Kugel an einem Band um den Hals oder am Revers tragen, die aus Alufolie geformt ist. Die Alukugelkette verweist auf den sogenannten Aluhut. Verschwörungstheoretiker*innen glauben, dass der Aluhut seine*n Träger*in vor der schädlichen Strahlung oder vor der Gedankenkontrolle durch die finsteren Mächte schützt.

Neben diesen sieben Verschwörungstheorien über das Coronavirus gibt es immer wieder neue Ideen, die zu der Mythensammlung hinzukommen. So glauben einige Menschen beispielsweise, dass sich das Coronavirus ausschließlich im basischen Bereich zwischen einem pH-Wert von 5 und 5,5 vermehren kann. Attila Hildmann behauptet zudem, dass das Trinkwasser in Berlin vergiftet worden sei, um die Bevölkerung ruhigzustellen.

REICHSBÜRGER

<u>Das Wichtigste auf einen Blick:</u>

- Reichsbürger sind davon überzeugt, dass die Bundesrepublik Deutschland kein souveräner Staat sei.
- Ihre Theorie stützen sie durch zwei zentrale Argumente: den Personalausweis und die im Handelsregister beim Amtsgericht Frankfurt am Main eingetragene Firma namens Bundesrepublik Deutschland.
- Reichsbürger erkennen das Grundgesetz nicht an.
- Sie halten alle staatlichen Organe der BRD für feindliche Marionetten.

Die sogenannten **Reichsbürger** galten noch bis vor einigen Jahren als harmlose und ungefährliche Menschen, die sich zum Reichskanzler ernannten oder sich zum König von Fantasiereichen krönen ließen. Sie waren bekannt dafür, ihre Ausweisdokumente abzugeben und sich vor der Zahlung von Buß- und Steuergeldern zu weigern. Doch im Jahr 2016 erschoss der Reichsbürger und Waffenliebhaber Wolfgang P. einen Polizisten, als ein Sondereinsatzkommando gerade sein Haus stürmte. In den Medien wurde die Tat als Polizistenmord von Georgensgmünd bekannt. Im selben Jahr endete eine Zwangsräumung in Reuden, Sachsen-Anhalt, in einer Schießerei. Der ehemalige Mr. Germany Adrian U. erklärte sein Grundstück wenige Jahre zuvor zum eigenständigen „Staat Ur". Auf einmal war die Reichsbürgerbewegung von großem öffentlichem Interesse und die Frage danach, wie gefährlich sie sei und welches Gewaltpotenzial sie birgt, stand im Raum. Der Verfassungsschutz registrierte im Jahr 2019 589 extremistische Straftaten, die sie der Reichsbürger-Szene zuordnen konnten. Doch an was glauben Reichsbürger eigentlich genau?

Reichsbürger sind davon überzeugt, dass die **Bundesrepublik Deutschland kein souveräner Staat** sei. Vielmehr glauben sie, sie wäre eine **Gesellschaft mit beschränkter Haftung**. Das wäre auch der Grund, warum wir angeblich **keine Staatsbürger*innen** sind, sondern **Angestellte**. Um ihre Theorie zu stützen, argumentieren Reichsbürger mit zwei zentralen Argumenten: mit dem **Personalausweis** und der **im Handelsregister beim Amtsgericht Frankfurt am Main eingetragenen Firma namens Bundesrepublik Deutschland**. Sie führen an, dass allein der Name "Personalausweis" beweise, dass wir Menschen nur unterdrücktes Personal seien und keine Bürger*innen. Die Idee einer "BRD GmbH" sorgt dafür, dass das **Grundgesetz** von den **Reichsbürgern nicht anerkannt** wird. Außerdem halten **sie alle staatlichen Organe** der Bundesrepublik für **feindliche Marionetten** der geheimen, globalen Elite. Sie glauben, dass wir alle als willige Sklav*innen **aus dem Hintergrund gesteuert** werden. Oftmals schwingen in der Ideologie der Reichsbürger auch antisemitische oder antiamerikanische Hintergründe mit.

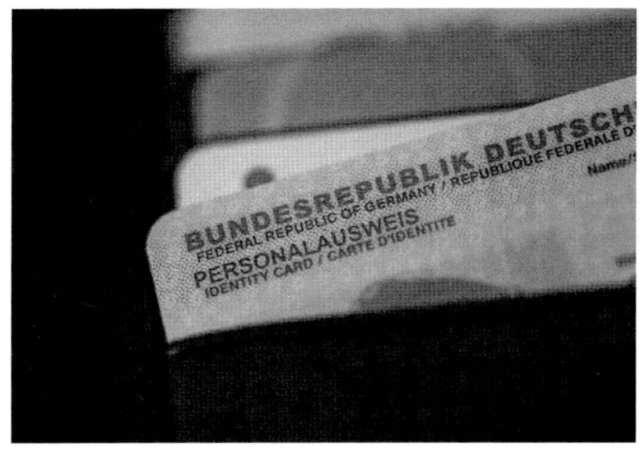

Reichsbürger erkennt man an den großen Siegeln, die sie oftmals nutzen und wie die Siegel von offiziellen Behörden aussehen. Blickt man genauer hin, erkennt man die erfundenen Titel und Bezeichnungen, die sich die Reichsbürger selbst geben und die heutzutage kaum noch verwendet werden. Selbst die Schreibweise des Namens und der Daten sehen anders aus als die Norm– zum Beispiel „der zwanzigste Tag des neunten Monats".

Einige Reichsbürger wähnen sich in geheimen Bürgerkriegsszenarien. Andere glauben, das Recht zu besitzen, auf Repräsentant*innen der Bundesrepublik schießen zu dürfen. Aus diesem Grund ist die Ideologie der Reichsbürger auch so gefährlich und sollte deutlich von anderen Verschwörungsmythen getrennt werden.

Verschwörungsbehauptung Nummer 1: Die Bundesrepublik Deutschland ist kein souveräner Staat, sondern eine GmbH

Reichsbürger behaupten, dass die Bundesrepublik Deutschland kein souveräner Staat sei, sondern eine GmbH. Als Beweis für ihre Behauptung sehen sie die im Handelsregister beim Amtsgericht Frankfurt am Main eingetragene Finanzfirma namens Bundesrepublik Deutschland unter der Registernummer HRB 51411. Dabei steht in Artikel 20, Absatz 1 des Grundgesetzes ganz klar, dass die Bundesrepublik mitgliedschaftlich verfasst und aus diesem Grund organisationsrechtlich eine Körperschaft des öffentlichen Rechts ist. Sie ist also kein Unternehmen, sondern sehr wohl ein Staat. Die Finanzfirma „Bundesrepublik Deutschland – Finanzagentur GmbH" existiert tatsächlich, denn selbstverständlich darf eine Bundesrepublik ein Unternehmen gründen und dieses auch betreiben. Das Dienstleistungsunternehmen kümmert sich unter anderem um die Aufnahme von Krediten durch Schuldscheindarlehen oder um Geldmarktgeschäfte, um das Konto der BRD bei der Deutschen Bundesbank auszugleichen. Staatliche Unternehmen gibt es überall und sind nichts Außergewöhnliches.

Verschwörungsbehauptung Nummer 2: Der „Personal"-Ausweis beweist, dass wir alle nur Angestellte sind

Die Reichsbürger behaupten, dass wir alle nur Angestellte sind. Ihrer Auffassung zur Folge beweist das Wort "Personal" in Personalausweis, dass wir Menschen nur unterdrücktes Personal und keine Bürger*innen seien.

Verschwörungsbehauptung Nummer 3: Deutschland befindet sich immer noch im Kriegszustand mit den vier Siegermächten

Außerdem glauben die Reichsbürger, dass sich Deutschland immer noch im Kriegszustand mit den vier Siegermächten befinden würde und wir immer noch besetzt seien. Dass wir mit den Siegermächten nicht mehr im Kriegszustand stehen, beweist jedoch allein der Zwei-plus-Vier-Vertrag von 1990, dem sie zugestimmt und damit die deutsche Wiedervereinigung ermöglicht haben. Der Zwei-plus-Vier-Vertrag hob den Besatzungsstatus Deutschlands auf und erklärte die Bundesrepublik für vollständig souverän.

Verschwörungsbehauptung Nummer 4: Das Grundgesetz ist keine Verfassung

Weiterhin behaupten Reichsbürger, dass das Grundgesetz keine Verfassung sei. Das Grundgesetz war ursprünglich als Provisorium gedacht und nennt sich nur aus diesem Grund nicht Verfassung. Dabei besitzt es alle Funktionen einer solchen. Es regelt die Grundsätze der Staatlichkeit und ist sowohl für die Ausübung der Staatsgewalt als auch des Staat-Bürger-Verhältnisses verantwortlich.

Verschwörungsbehauptung Nummer 5: Um die Staatsbürgerschaft zu beweisen, braucht man einen gelben Schein

Reichsbürger halten zudem an der Behauptung fest, dass man einen sogenannten gelben Schein benötigt, wenn man seine Staatsbürgerschaft einwandfrei beweisen möchte. Tatsächlich gibt es den gelben Schein wirklich. Nach § 30 des Staatsangehörigkeitsgesetzes wird die deutsche Staatsangehörigkeit auf Antrag der Staatsangehörigkeitsbehörde verzeichnet, die dann den gelben Schein, den Staatsangehörigkeitsausweis, ausstellt. Jedoch erfüllt eine normale Geburtsurkunde denselben Zweck.

Wahre Verschwörungen

In der Regel erkennt man wahre Verschwörungen nicht im Vorfeld, sondern erst dann, wenn die Verschwörung bereits ihr Ziel erreicht oder aber auch nicht erreicht hat. Vereinzelt nimmt man Verschwörungen dann wahr, wenn ihre Zeit bereits vorüber ist oder wenn einzelne Anhänger*innen der Verschwörung aussteigen und das Wort ergreifen.

Wahre Verschwörungen sind insbesondere dadurch gekennzeichnet, dass sie meistens zwei Dimensionen kleiner als die eigentliche Vorstellung von Verschwörungen sind. Dann könnte man sie auch als **Bündnis**, **Komplott** oder **Seilschaft** bezeichnen.

Der ominöse Andenpakt ist dafür ein gutes Beispiel aus der Vergangenheit. Er umschreibt ein Bündnis einiger aufstrebender CDU-Politiker, welche sich damals im Flugzeug bei einer Flasche Whiskey das Versprechen gegeben haben sollen, nie und nimmer andere zum Rücktritt aufzufordern oder gar gegeneinander anzutreten. Doch ihr eigentliches Ziel, nämlich, dass einer von ihnen Kanzler wird, haben sie trotzdem nicht erreicht, sodass der Pakt dann irgendwann an Bedeutung verlor.

Ähnliche temporäre Bündnisse mit eindeutig erkennbaren Zielen sowie einer ersichtlichen Zahl von Akteur*innen kommen vereinzelt schon mal vor. Beim Andenpakt musste nicht einmal jemand bestochen und es musste auch nicht viel vertuscht werden. Es gab auch keine große und böse Elite, die im Geheimen alles unter Kontrolle hatte. Doch obwohl der

Andenpakt ein vergleichsweise kleines Männerbündnis war, kam er letztendlich doch ans Licht.

Im Kontrast zu echten Verschwörungen stehen dann all die großen Verschwörungsmythen und Gerüchte, die sehr häufig auf nichts weiter als der Fantasie beruhen. Oftmals müssten Hunderte, wenn nicht sogar Tausende von Menschen involviert sein und von der großen Elite gekauft und bestochen werden. Sie alle müssten willige Marionetten sein, die kein eigenes Gewissen haben und von denen niemand seine eigenen Ziele und Interessen verfolgt. Wie viele Menschen beispielsweise hätten involviert sein müssen, wenn die Mondlandungen von der NASA inszeniert worden wären? Alle müssten schweigen und es dürfte niemanden geben, der sich gegen die Verschwörung wehrt. Alles müsste streng geheim und perfekt organisiert sein und bis auf einige YouTuber*innen würde es niemanden geben, der ihnen auf die Schliche kommen würde.

Für Verschwörungsgläubige nehmen die vermeintlich wahren Verschwörer*innen hohe Risiken und extreme Kosten für einen überschaubaren Gewinn in Kauf. Aus diesem Grund soll Bill Gates Milliarden Dollar gespendet haben, um im Endeffekt Impfstoffe an arme Menschen zu verkaufen, obwohl er durch die Gründung von Microsoft zu einem der reichsten Menschen der Welt wurde. In Verschwörungsmythen sind alles und jeder miteinander verstrickt. Sie verfolgen vage Ziele wie die Dezimierung der Bevölkerung oder gar der Weltherrschaft.

Echte Verschwörungen kommen hingegen **ohne Superbösewichte** aus, die die Weltmacht an sich reißen wollen. Vielmehr sind **es temporäre Bündnisse mit nur wenigen Akteur*innen**, die sich zusammenschließen, um **jeweils ihre eigenen Interessen zu verfolgen**. Außerdem werden echte und gute Verschwörungen von den Akteur*innen meistens sogar **mit ins Grab** genommen und kommen niemals ans Licht.

Viele Verschwörungsmythen drehen sich um Terroranschläge, Katastrophen, Politik oder andere dunkle Mächte. Immer wieder lassen sich Menschen für Verschwörungen faszinieren, trotzdem haben Verschwörungsgläubige einen schwierigen gesellschaftlichen Status. Oftmals werden sie als verrückt betitelt und als paranoid verhöhnt und das meistens zu Recht.

Die außergewöhnlichsten Verschwörungstheorien, wie zum Beispiel die Verschwörungslegende über die Reptiloide oder die Flat-Earth-Theorie, sind offiziell widerlegt worden. Doch nicht alle Verschwörungslegenden erwiesen sich als falsch.

So begann die CIA **im Jahr 1953**, während des Kalten Krieges, ihre Forschung zur Bewusstseinsveränderung. Unter dem Codenamen **MK Ultra** untersuchte sie, welches die besten Techniken zur **Kontrolle des Bewusstseins** sind und inwieweit sich das menschliche Bewusstsein manipulieren lässt. An den unwissenden Proband*innen wurde sogar die Wirkung von **LSD** getestet.

Bei einer anderen wahren Verschwörung brachte das FBI während der **Prohibition** Alkohol in den Umlauf, der mit **Gift** versetzt wurde, damit die Menschen vom **Schwarzbrennen** abgehalten werden. Auch wenn die US-Regierung dies lange Zeit abstritt, ist heutzutage bekannt, dass die Maßnahmen tatsächlich stattgefunden und 400 Menschen das Leben gekostet haben.

Auch die Vermutung, dass amerikanische Behörden das Internet **abhören** würden, war lange Zeit bekannt. Dass diese Abhörung jedoch so flächendeckend stattfand, hielt erst niemand für möglich. Doch dann lieferte **Edward Snowden** die entsprechenden Beweise. Er enthüllte im Juni 2013, dass die Vereinigten Staaten sowie das Vereinigte Königreich spätestens seit dem Jahr 2007 die Telekommunikation und vor allem das Internet in großem Umfang global und verdachtsunabhängig überwachten.

Ein bekanntes Beispiel einer wahren Verschwörungstheorie ist die Watergate-Affäre, die die Präsidentschaft sowie die politische Laufbahn von **Richard Nixon** beendete.

DIE WATERGATE-AFFÄRE

Die Watergate-Affäre war ein **innenpolitischer Skandal in den Vereinigten Staaten**, der zum **ersten Rücktritt eines Präsidenten** geführt hat. Zu Beginn wurden die Watergate-Berichte noch als Verschwörungstheorie abgetan, doch später erwiesen sich diese als wahr.

Im Jahr 1972 verübten Beauftragte des republikanischen Wahlkomitees während des Präsidentschaftswahlkampfes einen Einbruch im **Watergate Building in Washington**, in dem sich das Hauptquartier der Demokratischen Partei befand. Nachdem die Einbrecher gefasst wurden, stellte sich heraus, dass sie im Hauptquartier **Abhörwanzen** installierten und **Dokumente abfotografieren** wollten. Ziel des Einbruches war es, **belastendes Material zur Diskreditierung des Gegenkandidaten** G. McGovern der Demokratischen Partei zu sichern und somit die **Wiederwahl Nixons zu wahren**.

Es stellte sich heraus, dass Vertraute von Nixon über die kriminelle Tat Bescheid gewusst haben. Außerdem hatten sie nach der Aufdeckung mithilfe Nixons versucht, ihre Beteiligung zu vertuschen. Daraufhin mussten mehrere enge Mitarbeiter*innen, so auch der damalige Justizminister, ihr Amt niederlegen. Einige von ihnen kamen sogar vor Gericht und wurden verurteilt. Der Rechtsausschuss des Repräsentantenhauses beschloss nach einer Untersuchung durch einen Senatsausschuss, dass ein **Verfahren zur Amtserhebung** (Impeachment-Verfahren) gegen Präsident Richard Nixon – aufgrund von Amtsmissbrauch, Missachtung des Kongresses sowie Justizbehinderung – eingeleitet wird.

Richard Nixon bekannte sich zum Teil schuldig und trat schließlich am 09.08.1974 zurück, sodass Vizepräsident **Gerald R. Ford** zum 38. Präsidenten der USA ernannt wurde. Ford gewährte Nixon Straffreiheit für all seine ungesetzlichen Handlungen, die im Zusammenhang mit der Watergate-Affäre standen. Im Jahr 2005 wurde bekannt, dass die entscheidenden Informationen für die Verhaftung durch den damaligen stellvertretenden FBI-Direktor M. Felt geliefert wurden.

Wie wird man zum Verschwörungs-theoretiker?

PSYCHOLOGISCHE HINTERGRÜNDE

Die psychologische Beschäftigung mit dem verschwörerischen Glauben ist eine vergleichsweise junge Disziplin. Der US-amerikanische Soziologe Ted Goertzel veröffentlichte im Jahr 1994 eine erste Studie zu den psychologischen Hintergründen einer Verschwörungsmentalität, in welcher er aufzeigen konnte, dass es so was wie eine allgemeine Tendenz gibt, an Verschwörungstheorien zu glauben. Seine Studie machte Goertzel zum Pionier der Forschung zum Verschwörungsdenken und viele seiner Beobachtungen und Annahmen aus der damaligen Zeit sind auch heute noch relevant.

In den darauffolgenden Jahren fanden Goertzels Befunde nur wenig Beachtung, sodass das Thema als Nischenthema abgestempelt wurde, da es für das Verständnis der menschlichen Psyche nur bedingt relevant gewesen sei. Das änderte sich jedoch, als die US-amerikanischen Psycholog*innen Jennifer A. Whitson und Adam D. Galinsky im Jahr 2008 ihren Aufsatz *"Lacking Control Increases Illusory Pattern Perception"(= Fehlende Kontrolle erhöht die Wahrnehmung von Illusionsmustern)* in der angesehenen wissenschaftlichen Zeitschrift *"Science"* publizierten.

Seitdem entwickelte sich eine bedeutende Forschungsagenda zum Thema Verschwörungstheorien, die immer weiter anwächst.

Während sich die Forschung zu Beginn der Untersuchungen noch auf einzelne Korrelate konzentrierte, hat sie sich in den letzten Jahren zunehmend systematisiert und wurde theoretisch fundierter.

Douglas, Sutton und Cichocka (2017) stellten die These auf, dass sich Menschen zu Verschwörungstheorien hingezogen fühlen, wenn sie sich – im Vergleich zu Nicht-Verschwörungserklärungen – davon versprechen, bedeutende sozialpsychologische Motive zu befriedigen, wie zum Beispiel Anerkennung, Schutz oder Einwirkung. Diese können als **epistemisch** (Bedürfnis nach Verständnis und subjektiver Sicherheit), **existenziell** (Wunsch nach Sicherheit und Kontrolle) und **sozial** (Wunsch nach Aufrechterhaltung eines positiven Selbstbildes für das eigene Selbst oder für die Gruppe) charakterisiert werden.

Epistemische Motive

Es scheint, als würden Verschwörungstheorien weitreichende Erklärungen bieten, die in sich konsistent sind und es den Menschen ermöglichen, in Anbetracht von Widersprüchen und Unsicherheiten ihre eigenen Überzeugungen aufrechtzuerhalten. Ihren Anhänger*innen vermitteln diese dann ein Gefühl des Verständnisses und spenden Sicherheit.

Forschungsergebnisse deuten in Übereinstimmung mit dieser Annahme darauf hin, dass der Verschwörungsglaube stärker ausgeprägt ist, ...

- wenn die Voraussetzung der Unsicherheit stark präsent ist
- je zufälliger Menschen Muster wahrnehmen
- wenn die Menschen in ihrer Umwelt konsequent nach Sinn und Mustern suchen, genauso, wie beispielsweise Gläubige an übernatürliche sowie paranormale Phänomene glauben
- wenn es besonders bedeutsame oder große Ereignisse gibt und offensichtlich kleine und banale Erklärungen aus diesem Grund unbefriedigend erscheinen.

Auch die Menschen, die ihre Fähigkeit des Verständnisses von komplexen kausalen Phänomenen überschätzen, weisen eine Neigung zum Verschwörungsglauben auf. Jedoch konnten Verschwörungsüberzeugungen auch mit dem Verlangen nach einer kognitiven Schließung in Verbindung gebracht werden. Das gilt vor allem dann, wenn es keine eindeutige offizielle Erklärung für Ereignisse gibt. Zuletzt konnte auch ein Zusammenhang zwischen Verschwörungsüberzeugungen und dem Gefühl von Langeweile beobachtet werden.

Jedoch scheint es, als würden Verschwörungstheorien manche epistemische Motive auf Kosten anderer befriedigen. So konnte der Verschwörungsglaube zum Beispiel mit dem **Konjunktionstrugschluss** in Verbindung gebracht werden. Bei diesem handelt es sich um Fehler des **probabilistischen Denkens**, bei dem einige Menschen die Wahrscheinlichkeit des Zusammentreffens einzelner Phänomene überschätzen.

Andere Forscher*innen konnten zeigen, dass es einen Zusammenhang zwischen der Projektion der eigenen persönlichen Überzeugung auf andere und dem Verschwörungsglauben gibt. Damit ist gemeint, dass die Überzeugung, dass es eine Verschwörung gibt, zum Teil die Ursache für das Ergebnis der Überzeugung ist, dass man selbst zum*r Verschwörungsgläubigen werden würde.

Weiterführend fand die Forschung heraus, dass ...

- eine Bedingung für Verschwörungsüberzeugungen ein geringes Maß an analytischem Denken ist
- Verschwörungstheorien zum Teil aus einer einseitigen Assimilation hervorgehen können → damit ist zum einen die An- und Aufnahme von Informationen gemeint, die die eigenen Ansichten stützen, und zum anderen das Hinterfragen von Informationen, die die eigenen Ansichten widerlegen
- es auch andere kognitive Prozesse gibt, die mit verschwörerischen Überzeugungen verknüpft sind → etwa die Tendenz, epistemisch ungerechtfertigte Überzeugungen, ein niedriges Niveau der Intelligenz sowie eine quasi-religiöse Mentalität zu akzeptieren

- es einen Zusammenhang zwischen Verschwörungsüberzeugungen und Faktoren wie Schizothymie und nicht-klinischem wahnhaften Denken gibt
- es generell Hinweise gibt, dass Personen, die nach dem Sinn und/oder der Genauigkeit suchen, denen möglicherweise jedoch die kognitiven Mittel fehlen, oder die Probleme haben, den Sinn und die Genauigkeit mit rationaleren Mitteln zu finden, auf Verschwörungstheorien anzuspringen scheinen

Existenzielle Motive

Sehen Menschen ihre existenziellen Bedürfnisse bedroht, können sie sich verschiedenen Verschwörungstheorien zuwenden, um diese bedrohten Bedürfnisse zu kompensieren. Durch den Glauben an Verschwörungstheorien können zum Beispiel die Menschen, denen es an Kontrolle und Handlungsfähigkeit mangelt, ein gewisses Maß an Kontrolle zurückgewinnen. Denn nun haben sie die Möglichkeit, die offizielle Erklärung abzulehnen und anderen Menschen das Gefühl zu vermitteln, dass sie eine bessere Erklärung für die Geschehnisse haben.

Auf Grundlage dieser Theorie haben Studien gezeigt, dass ...

- es eine Verbindung zwischen einem ängstlichen Bindungsstil, Existenzängsten sowie dem Gefühl der Machtlosigkeit gibt
- es einen Zusammenhang zwischen einem niedrigen Gefühl der Kontrolle im gesellschaftspolitischen Bereich und dem Verschwörungsdenken gibt
- Verschwörungsüberzeugungen mit der Entfremdung vom politischen System sowie dem Gefühl der eigenen Unruhe und dem fehlenden Verständnis für die soziale Welt korrelieren
- der Verschwörungsglaube auch mit der Überzeugung daran verbunden ist, dass Verschwörungen die Wirtschaft sukzessiv verschlechtern
- Verschwörungstheorien den Menschen die Möglichkeit geben, sich mit gewissen Problemen zu arrangieren und einen Teil der psychologischen Güter, die verloren gegangen sind, zurückzugewinnen

• sich Menschen aufgrund von Verschwörungstheorien vor der Bedrohung des sozialen Systems, in dem sie leben, schützen können

Soziale Motive

Grundsätzlich haben Menschen das Bedürfnis, von sich selbst ein positives Bild aufrechtzuerhalten. Zur Erfüllung dieses Bedürfnisses können uns Verschwörungstheorien helfen.

Die Forschungsergebnisse mehrerer Wissenschaftler*innen konnten nachweisen, dass ...

• die Befürwortung von Verschwörungsmythen mit Narzissmus einhergeht

• es zwischen dem sozialpsychologischen Bedürfnis, sich von anderen Menschen abgehoben zu fühlen, und dem Umstand, Verschwörungsüberzeugungen zu zeigen, eine Korrelation gibt

• es durchaus möglich ist, dass Verschwörungstheorien den Menschen das Gefühl geben, dass sie im Besitz von wichtigen und seltenen Informationen zu sein scheinen, die andere eben nicht haben → gibt ihnen gleichzeitig das Gefühl, etwas ganz Besonderes zu sein, wodurch ihr Selbstwertgefühl gestärkt wird

In Bezug auf Gruppen, denen wir angehören, haben wir Menschen das starke Bedürfnis danach, uns positiv zu fühlen, beispielsweise in Bezug auf die Religion, die Nationalität und die politische Ausrichtung. Dann ist die Überzeugung, dass sich eine andere Gruppe gegen die eigene verschworen hat, umso wahrscheinlicher, je unterprivilegierter, bedrohter und unterbewerteter sich die Gruppe selbst sieht.

So konnte die Forschung bestätigen, dass ...

• Verschwörungstheorien mit defensiven Formen der Identifikation der eigenen sozialen Gruppe verbunden sind

• die Mitglieder einer sozialen Gruppe, die einen niedrigen Status haben, Verschwörungstheorien eher zustimmen als die Mitglieder der Gruppe,

die einen hohen Status haben → in Anbetracht ihrer persönlichen Erfahrung ist es nicht vollkommen irrational, dass historisch benachteiligte Gruppen glauben, dass sich dominante Gruppen gegen sie verschworen hätten
• Menschen eher zum Verschwörungsglauben – der sich gegen ihre eigene Gruppe richtet – neigen, wenn sie in ihrer Vergangenheit persönlich Diskriminierung erfahren haben

Aufgrund dessen kann der Verschwörungsglaube auch außerhalb der eigenen Gruppe genährt werden. Daher ist es maßgebend, immer auch den sozialen, den politischen sowie den historischen Kontext zu berücksichtigen, den die Verschwörungsmythen plausibel erscheinen lassen. Denn Krisensituationen können durchaus die Gruppenzugehörigkeit stärken, um somit Verschwörungsüberzeugungen zu fördern.

Die Ergebnisse der Forschung zu den sozialen Motiven unterstreichen in der Summe die Tatsache, dass …
• das Gefühl, im Rahmen von internationalen Beziehungen bedroht und letztendlich untergraben zu werden, die Entwicklung von Verschwörungstheorien erleichtern kann
• diese dann zur Rechtfertigung der jeweiligen Gruppenposition dienen

Abschließend lässt sich zusammenfassen, dass die psychologische Forschung zu Verschwörungstheorien darauf hindeutet, dass der Verschwörungsglauben durch epistemische, existenzielle und soziale Motive angetrieben wird. Ob diese Motive nun durch Verschwörungsmythen befriedigt werden oder nicht, ist eine andere Frage. Die Forschung deutet an, dass dies zutrifft und Verschwörungstheorien sehr wahrscheinlich mehr schaden als nützen. Denn Anhänger*innen können nicht nur soziale Isolation erfahren, sondern beispielsweise auch an Paranoia oder Depression erkranken. Zudem gibt es eine starke Korrelation zwischen Verschwörungstheorien und Rechtsextremismus sowie Antisemitismus.

Sobald Menschen aufgrund von gesellschaftlichen Krisen oder Problemen im privaten Umfeld das Gefühl bekommen, sich ohnmächtig zu fühlen und keine Kontrolle mehr zu haben, suchen sie nach Strategien, um mit dieser Veränderung umzugehen – und so können auch Verschwörungstheorien eine solche Strategie sein. Plötzlich gibt es Muster, die Welt wird begreifbarer und der Zufall spielt keine Rolle mehr. Führen Menschen ein Leben in Unsicherheit, sind sie für das Verschwörungsdenken empfänglicher. Arbeitet man beispielsweise unter eher unsicheren Bedingungen oder verliert seinen Job sogar ganz, verfällt man dem Glauben, dass Strippenzieher im Geheimen das Weltgeschehen lenken, viel leichter. Der Verschwörungsglaube kann also nicht nur **sinnstiftend** sein, sondern auch die Welt **ordnen**.

Verschwörungstheorien als „Ersatz-Religionen"

Der Vorteil von Verschwörungstheorien ist, dass sie die Komplexität der Welt vermeintlich einfacher und verständlicher machen. So können unklare Situationen durch einfache Erklärungsmodelle aufgelöst und auf bereits bekannte Phänomene zurückgeführt werden. Die bestimmte Situation mag dann zwar immer noch bedrohlich sein, jedoch scheint sie durch die Verschwörungstheorie zumindest nicht mehr so unerklärlich.

Eine ganz ähnliche Funktion haben auch die Religionen in der Geschichte der Menschheit eingenommen. Aus diesem Grund werden Verschwörungsmythen häufig auch „**Ersatz-Religionen**" genannt, die den Menschen in einer zunehmend konfessionslosen Gesellschaft den nötigen Halt spenden. Die Geschehnisse des Alltags werden nun nicht mehr durch Gott, sondern durch eine Superverschwörung bestimmt bzw. gelenkt. Auch wenn es paradox klingen mag, können Verschwörungstheorien so die notwendige Funktion einnehmen, mit der die Menschen ihren Alltag bewältigen können. Oftmals dienen Verschwörungstheorien dann auch dazu, die eigenen Sorgen und Ängste abzuspalten, wodurch sie für die Menschen eine Art Schutzfunktion haben. Insbesondere in Bezug auf das Coronavirus greift die Abspaltung der eigenen Ängste häufig. Denn wer nicht an das Virus glaubt, denkt auch, dass er nicht in Gefahr sei.

Verschwörungstheorien als Identitätsstiftung

Einige Studien haben herausgefunden, dass Menschen nicht nur an Echsenmenschen, Chemtrails und Co. glauben, um ihre eigene Machtlosigkeit zu kompensieren. Denn eine andere Funktion von Verschwörungstheorien liegt in der **persönlichen Identitätsstiftung**. Menschen vertreten Verschwörungstheorien nicht nur, um den Ereignissen einen bestimmten Sinn zu geben, sondern, um sich zu individualisieren.

Im Jahr 2017 konnte ein französisches Forscherteam nachweisen, dass der Verschwörungsglaube mit dem menschlichen Bedürfnis nach Individualismus korreliert. Wer also an Verschwörungsmythen glaubt, der grenzt sich von der überwiegenden Mehrheit der Bevölkerung ganz automatisch ab. Denn die Verschwörungsgläubigen sind dann diejenigen, die *erwacht* sind. Sie fühlen sich dazu berufen, die vielen **Schlafschafe**, die noch im Unwissen leben, aufzuwecken und sie von der Wahrheit zu überzeugen. Glaubt man an Verschwörungstheorien, hat man das Gefühl, dass man den anderen Menschen gegenüber, durch ein vermeintlich exklusives Wissen, einen gewissen Vorsprung hat, da man selbst das Verständnis darüber hat, wie die Welt in Wirklichkeit funktioniert. Man erlangt ein Gefühl der Überlegenheit, wodurch wiederum ein Gefühl der Selbstbestätigung, der Souveränität und der Einzigartigkeit erzeugt wird.

Vor allem bekannte Menschen, die ihre Popularität dafür einsetzen, Verschwörungstheorien zu verbreiten, nutzen oftmals die Strategie, dass sie die Einzigen seien, die über dieses angebliche Geheimwissen verfügen würden. Dadurch vermitteln sie ihren Anhänger*innen wiederum den Eindruck persönlicher Überhöhungen, denn schließlich sind sie jetzt auch mit eingeweiht. Man darf jedoch nicht vergessen, dass Verbreiter*innen von Verschwörungstheorien immer auch zum Ziel haben, selbst im Zentrum der Aufmerksamkeit zu stehen und gegebenenfalls mit ihren Videos und den Klicks Profit zu erwirtschaften.

Außerdem kann auch der Gruppenzwang bei der persönlichen Entwicklung zum Verschwörungsgläubigen bzw. zur Verschwörungsgläubigen beitragen. Bereits im Jahr 1961 konnte der US-Psychologe Stanley Milgram nachweisen, dass eine Sache umso eher als wahr oder wirklich akzeptiert wird, je mehr Menschen an sie glauben.

Ein Beleg, der rein auf Fakten basiert, ist weniger gewinnbringend als ein sozialer Beleg einer Theorie. Denn Menschen haben eine starke Tendenz dazu, ausschließlich den Daten zu glauben, die von vielen anderen Menschen geteilt werden und somit ihre persönliche Weltsicht bestätigen. Im Gegensatz dazu werden die Fakten, die dagegen sprechen, einfach ignoriert. Auch wenn dieses Phänomen nicht nur auf Verschwörungsgläubige zutrifft, kann es durchaus erklären, warum Verschwörungsanhänger*innen meistens nur schwer mit Fakten und Logik erreichbar sind.

QUERVERBINDUNGEN IM SOZIALEN SYSTEM

Ausgrenzung und soziale Unsicherheit

Im Kontext von Verschwörungstheorien bedient sich die Soziologie unter anderem dem Erklärungsansatz der **Marginalisierung** sowie der **sozialen Unsicherheiten** von Menschen. Marginalisierung meint, dass gewisse Gruppen der Bevölkerung vom „Mainstream" weg an den Rand der Gesellschaft gedrängt und ausgegrenzt werden. Dadurch nehmen nur noch wenige von ihnen am politischen, wirtschaftlichen und kulturellen Leben der Gesellschaft teil.

In einer Studie aus dem Jahr 1994 stellte der Soziologe Ted Goertzel zum Beispiel fest, dass ethnische Minderheiten dem Verschwörungsglauben häufiger verfallen als andere Gruppen. Die Ursache dafür liegt darin begründet, dass sie in ärmeren Verhältnissen leben mussten und dadurch mit ihrer allgemeinen Lebenssituation unglücklicher waren. Sie fühlten sich von der Politik im Stich gelassen.

Für viele Menschen kann soziale Unsicherheit ein Grund sein, um an Verschwörungstheorien zu glauben. Wer generell mit einem ungewissen Auge in die Zukunft blickt oder sich in seiner sozialen Position bedroht sieht, ist für Verschwörungstheorien tendenziell anfälliger. Oftmals leben Verschwörungsgläubige in materieller Armut oder erlitten persönliche Schicksalsschläge und empfinden aus diesem Grund mangelnden Erfolg oder fühlen sich gesellschaftlich nicht anerkannt. Viele Verschwörungsanhänger*innen hatten beispielsweise mit gescheiterten Beziehungen zu kämpfen. Andere durchlebten schwere Todesfälle in der Familie, erfuhren Abwendungen oder ihnen wurde der Job gekündigt, bevor sie sich der Verschwörungsszene zugewendet haben. Besonders häufig konnte das etwa bei Anhänger*innen der „Reichsbürger"-Szene oder bei Verfechter*innen der Chemtrails-Verschwörung beobachtet werden.

Durch ihren Verschwörungsglauben gelang es diesen Menschen letztendlich, ihre Minderwertigkeitskomplexe zu kompensieren und ein klar definiertes Feindbild für ihre persönliche, negative Lage verantwortlich zu machen. Dann fühlen sie sich anderen Menschen gegenüber, die der Verschwörungstheorie nicht anhängen, überlegen und betrachten sich selbst als *Auserwählte*, die die echte Wahrheit erkannt haben. Um immer mehr Menschen von ihrem Glauben zu überzeugen, sind sie in ihrem sozialen Umfeld ständig auf der Suche nach Menschen, die sie für ihren Glauben rekrutieren können. Ohne Zweifel spielt dabei der eigene gesellschaftliche Status eine große Rolle, denn Verschwörungsgläubige stehen gerne im Mittelpunkt der Geschehnisse und genießen die Aufmerksamkeit, die ihnen zuteilwird.

Spiritualität und extreme Positionen

Je mehr Menschen sich **extremen politischen Ausrichtungen und Positionen** zuwenden, desto größer ist ihre Neigung, an Verschwörungsmythen zu glauben. Der Glaube an Verschwörungstheorien hängt oftmals auch mit Vorurteilen gegenüber religiösen oder ethnischen Minderheiten zusammen. Außerdem scheint es einen Zusammenhang zwischen religiösen Menschen sowie Menschen mit einem Hang zum Spiritualismus und zur Esoterik und einer stärkeren Neigung hin zu Verschwörungstheorien zu geben.

Die Forschung zeigt deutlich, dass Verschwörungstheorien nur in den wenigsten Fällen als ein Symptom einer psychischen Störung zu identifizieren sind. Denn die Gründe, warum Menschen an Verschwörungstheorien glauben, sind vielfältig und von Person zu Person verschieden. Der Glaube an Verschwörungstheorien ist nicht pathologisch, denn die meisten Menschen, die einen Hang zur Verschwörungsmentalität haben, gelten nicht als psychisch erkrankt. Sehr häufig sind Verschwörungsanhänger*innen vollkommen normale Menschen. Außerdem darf man nicht vergessen, dass es in unserer Gesellschaft teilweise relativ große Gruppen gibt, die an unterschiedliche Theorien und Erklärungsmodelle glauben – und diese lassen sich in der Regel auch nicht alle als psychisch erkrankt abstempeln.

RISIKEN & KONSEQUENZEN

Auswirkungen auf die Einstellung

Untersuchungen zeigen, dass Verschwörungstheorien die Einstellungen der Menschen verändern. In einer Studie wurden US-amerikanische Erwachsene in einem Kino befragt. Dort sahen sie den Film "JFK" von Oliver Stone, in dem über die Ermordung von Präsident John F. Kennedy eine Verschwörungshypothese aufgestellt wurde. Eine Hälfte der Teilnehmer*innen wurde vor der Filmaufführung und die andere Hälfte danach befragt. Diejenigen, die sich den Film bereits angesehen haben, hatten eine wesentlich stärkere Neigung zur Verschwörungsidee als diejenigen, die vor der Filmaufführung befragt wurden.

Die Ergebnisse zeigten, dass der Film und somit auch die mediale Wirkung insgesamt erheblich zur Befürwortung der Verschwörungstheorie beitrug. Denn die Medien beeinflussen stark, wie Menschen die Welt um sie herum wahrnehmen. Insbesondere in den sozialen Netzwerken hat heutzutage jeder die Möglichkeit, die Berichte und Erzählungen von traditionellen Medien infrage zu stellen und stattdessen eigene Narrative zu veröffentlichen. Das hat für die Medien und ihre gesellschaftliche Funktion enorme Konsequenzen, weil es die Art und Weise verändert, wie die Menschen als Gesellschaft Themen in der Öffentlichkeit diskutieren.

Ähnliche Erhebungen wurden zum Verschwörungsfilm "Wag the Dog", der eine Inszenierung eines gefälschten Krieges durch die Regierung thematisiert, durchgeführt. Die Untersuchungen konnten aufzeigen, dass die Befragten, die den Film bereits gesehen haben, Aussagen wie "Wie wahrscheinlich ist es, dass in Zukunft tatsächlich ein Krieg durch eine*n US-Präsident*in gefälscht werden könnte?" mit größerer Wahrscheinlichkeit zustimmten.

Auch im Hinblick auf die Verschwörungstheorie über den Tod von Prinzessin Diana konnten diese Ergebnisse bestätigt werden. Forscher*innen fanden zudem heraus, dass sich die Menschen gar nicht darüber bewusst waren, dass sie ihre Einstellung infolge der Beschäftigung mit den Verschwörungsmythen geändert haben.

Außerdem legt die Forschung nahe, dass Verschwörungstheorien einen Einfluss auf die politischen Einstellungen haben, was jedoch auch von den bereits bestehenden Prädispositionen abhängig sein kann. Während der US-Präsidentschaftswahlen im Jahr 2012 betteten Forscher*innen das Wort "Verschwörung" in einer Umfrage über die Medienberichterstattung ein. Bei der Hälfte der Teilnehmer*innen wurde das Wort eingebettet, bei der anderen Hälfte nicht. Die Ergebnisse zeigten, dass nur Personen, die in Bezug auf das Verschwörungsdenken hohe Werte aufwiesen, von der Einbettung des Wortes beeinflusst wurden.

Die Einstellungen der Menschen sind also durch Verschwörungstheorien beeinflussbar, jedoch scheint das Ausmaß dessen von bereits vorhandenen Einstellungen und wahrscheinlich auch von anderen Faktoren abhängig zu sein, die es noch zu untersuchen gilt.

Vorurteile

Die Wissenschaft gibt Aufschlüsse darüber, dass es eine Verbindung zwischen Vorurteilen und Verschwörungstheorien gegenüber bestimmten Gruppen gibt. So konnte in einer Stichprobe in Malaysia – in der die Teilnehmer*innen eine Skala speziell zu antisemitischen Verschwörungstheorien sowie unterschiedlichen ideologischen Einstellungen ausfüllen sollten – zeigen, dass es eine Verbindung zwischen antisemitischen Verschwörungstheorien und antiisraelischen Einstellungen sowie Rassismus gegenüber Chines*innen gibt.

In einer polnischen Stichprobe wurde zudem festgestellt, dass allgemeine antisemitische Einstellungen mit dem Glauben an Verschwörungsmythen über die jüdische Weltbeherrschung verbunden sind. Eine weitere repräsentative polnische Stichprobe kam sogar zu der Erkenntnis, dass ein jüdischer Verschwörungsglaube ein weitaus besserer Prädikator für antisemitische Verhaltensabsichten sei als der traditionelle Antisemitismus.

In einer US-amerikanischen Stichprobe kam man außerdem zu dem Entschluss, dass die Vorurteile gegen eine Vielzahl mächtiger Gruppen mit der Tendenz zur Verschwörungstheorie korrelieren. Diese Theorie wird durch eine weitere ethnografische Untersuchung gestützt. Bei dieser wurden pakistanische Einwander*innen in Kanada sowie pakistanische Einwohner*innen in Karachi zu den Terroranschlägen von 9/11 befragt. In beiden Ländern vertraten die befragten Personen mit überwältigender Mehrheit den Verschwörungsglauben, dass die Anschläge ein "Inside-Job" und somit von der US-amerikanischen Regierung inszeniert worden seien und dass deshalb nicht die Muslim*innen dafür verantwortlich gewesen sind.

Aus diesem Grund erweckt der Verschwörungsglaube allgemein den Eindruck, er würde die Dichotomie "wir" gegen "sie" verstärken. Die Unterschiede zwischen diesen beiden Gruppen der Dichotomie könnten womöglich nicht nur durch Mehrheitsgruppen, sondern auch durch Minderheitengruppen verstärkt werden, indem sie die offiziellen Erklärungen infrage stellen.

Gesundheitsrelevante Entscheidungen

Verschiedene Korrelationsstudien konnten aufzeigen, dass es einen Zusammenhang zwischen der Entscheidung zur Verhütung und Safer Sex sowie dem Glauben an gesundheitsbezogene Verschwörungstheorien gibt.

Ein Verschwörungsmythos behauptet zum Beispiel, dass die Impfung gegen Tetanus im Jahr 2014 in Kenia eine geheime Maßnahme zur Geburtenkontrolle und somit eine Form des Völkermordes an Afrikaner*innen und Afroamerikaner*innen sei. Diese Theorie ist nicht nur in Südafrika, sondern auch in den Vereinigten Staaten weitverbreitet. Forscher*innen zeigten auf, dass der Glaube an diesen Verschwörungsmythos unter den Afroamerikaner*innen mit der negativen Ausrichtung hinsichtlich der Verhütungsmethoden allgemein sowie der geringeren Nutzung von Verhütungsmethoden verbunden war.

Eine andere Studie untersuchte ebenfalls die afroamerikanische Stichprobe und kam zu der Erkenntnis, dass nicht nur der Verschwörungsglaube, sondern auch die wahrgenommene Diskriminierung der Gruppe die Entscheidungen der Verhütung vorhersagten. Außerdem wurde in Südafrika eine ähnliche Studie durchgeführt, in der die Forscher*innen herausfanden, dass die Wahrscheinlichkeit der Kondomnutzung bei den afrikanischen Frauen, die an die AIDS-Verschwörung glauben, halbiert wurde. Auch anderen Forscher*innen gelang es, eine deutliche Beziehung zwischen den gesundheitlichen Entscheidungen der Menschen und den medizinischen Verschwörungsüberzeugungen herzustellen.

Die Menschen, die an medizinische Verschwörungen glaubten – wie zum Beispiel, dass die Gesundheitsbehörden wüssten, dass Krebs angeblich durch Mobiltelefone verursacht wird, aber nichts dagegen getan hätten, weil es die großen Konzerne verbieten würden –, setzten sich seltener mit medizinischen Fachleuten auseinander und griffen eher auf unkonventionelle Medikamente zurück, weil sie eher medizinischen Ratschlägen alternativer Quellen glaubten. Beobachtungen von Mediziner*innen lassen vermuten, dass Verschwörungstheorien mit dem Misstrauen gegenüber medizinischen Autoritätspersonen in Verbindung stehen. Leider beruhen all diese Untersuchungen auf Korrelationen, weshalb es unmöglich ist, die Richtung der Kausalität zu bestimmen. Verschwörungsüberzeugungen könnten demnach die Impfverweigerung vorantreiben, jedoch könnte genauso die Impfverweigerung auch die Verschwörungsüberzeugungen fördern.

Insbesondere im Kontext von Impfungen gibt es jedoch experimentelle Belege, die die scheinbar negativen Auswirkungen von Anti-Impf-Verschwörungsmythen auf die Impfabsichten bestätigen. Teilnehmer*innen der Experimente bekamen entweder Informationen zu den gängigen Anti-Impf-Verschwörungen, gar keine Informationen oder Argumente gegen die Anti-Impf-Verschwörung. Anhand der Ergebnisse konnten die Forscher*innen feststellen, dass die Teilnehmer*innen, die sie mit der Verschwörungstheorie konfrontierten, im direkten Vergleich zu den anderen eine niedrigere Bereitschaft zum Impfen aufwiesen.

Um zu verstehen, warum einige rumänische Eltern ihre Töchter nicht zur HPV-Impfung anmeldeten, nutzten andere Forscher*innen Interviews und Fokusgruppen. Sie fanden heraus, dass es für die Ablehnung der Impfung zwei Hauptgründe gibt. Zum einen glaubten einige Eltern, dass es sich nur um ein Experiment handelte, mit dem sich Pharmaunternehmen große Gewinne erhofften, und zum anderen glaubten sie, dass der Impfstoff ein Versuch sei, die Weltbevölkerung zu reduzieren.

Verschwörungstheorien mit einer medizinischen Ausprägung können sehr gefährlich sein. Denn die Menschen, die etabliertes medizinisches Wissen leugnen, bringen nicht nur sich selbst, sondern auch andere in Gefahr. Wer zum Beispiel davon überzeugt ist, dass das Coronavirus vollkommen harmlos ist oder womöglich gar nicht existiert, wird sich auch nicht davor schützen. Und das nicht nur, weil diese Menschen es nicht als notwendig erachten, sondern auch, weil sie den Verzicht des Mindestabstands sowie die Mund-Nasen-Bedeckung als Form zivilen Ungehorsams verstehen. Dieses Verhalten kann letztendlich zur Verbreitung des Virus führen. Andere Menschen können sich anstecken, einen schweren Verlauf erleiden und vielleicht sogar daran sterben.

Zuletzt können Anhänger*innen von Verschwörungstheorien auch an Paranoia erkranken. Die Paranoia bezieht sich im Kontext dessen auf größere gesellschaftliche Ereignisse. Auch umgekehrt können Verschwörungstheorien als eine Form der Paranoia angesehen werden. Zur Erklärung wichtiger Ereignisse werden dann die geheimen Pläne der bösen Elite herangezogen. Treten Wahnvorstellungen auf, werden die Verschwörungsüberzeugungen nicht selten auch auf die eigene Person bezogen. Dann versucht man nicht nur, allgemeine Ereignisse zu deuten und zu erklären, denn vielmehr steht plötzlich die eigene Person im Mittelpunkt der angeblichen Machenschaften.

Leugnung der Wissenschaft

Ted Goertzel sieht das politische Engagement sowie die Ideologie mit den Verschwörungstheorien über die Wissenschaft verbunden. Hierzu zählt etwa die Verschwörungstheorie zu HIV/AIDS, die "Anti-vax"-Verschwörungstheorie, die Verschwörungsidee zum Klimawandel und der Verschwörungsmythos über genetisch manipulierte Lebensmittel (GVO).

Laut Umfragen denken mehr als ein Drittel aller Amerikaner*innen, dass die globale Erwärmung nicht existieren würde. Der Klimaskeptizismus ist also eine weitverbreitete Überzeugung. Klimaskeptiker*innen argumentieren grundsätzlich, dass es den Klimawendel entweder gar nicht geben würde, oder aber, dass dieser nicht durch den Menschen verursacht wird. Extreme Skeptiker*innen behaupten sogar, dass Klimawissenschaftler*innen Daten fälschen und Betrug begehen würden. Dadurch sollen sie sich angeblich ihre Forschungsgelder sichern.

Dabei zeigte der "Climategate"-Skandal um Klimawissenschaftler*innen an der University of East Anglia im Vereinigten Königreich, dass der Glaube an den Klimawandel wichtig ist und wie weit Menschen bereit sind, zu gehen, um die Klimawissenschaft zu diskreditieren (z. B. das Hacken von E-Mails). Doch auch lange nach der Diskreditierung der Behauptungen sind solche Verschwörungstheorien immer noch aktuell.

Es gibt unzählige Belege dafür, dass die Leugnung der Wissenschaft sowie das Verschwörungsdenken ganz allgemein mit verschwörerischen Theorien über den Klimawandel Hand in Hand gehen. Einige experimentelle Erhebungen lassen sogar darauf schließen, dass die Umweltabsichten der Menschen durch Verschwörungstheorien zum Klimawandel beeinflusst werden. Man sollte jedoch auch betonen, dass nicht jede Verschwörungsidee zum Klimawandel immer auch wissenschaftsfeindlich ist. Denn es gibt durchaus Theorien gegen den angeblichen Eingriff durch Staat und Regierung.

Gewalt, Radikalisierung und Extremismus

Häufig findet sich eine Korrelation zwischen Verschwörungstheorien und erhöhtem extremistischen sowie radikalisierten Verhalten wieder. Carl Miller und Jamie Bartlett führten eine Inhaltsanalyse eines breiten Spektrums von extremistischen Gruppen durch. Sie stellten fest, dass Verschwörungstheorien erstens **in jeder Gruppe** verbreitet waren und dass es zweitens **starke Überlappungen** der erwähnten Verschwörungstheorien gab. Selbst bei den extremistischen Gruppen der entgegengesetzten Enden des politischen Spektrums konnten sie diese Überschneidungen feststellen.

Bartlett und Miller untermauern, dass Verschwörungserzählungen eine wichtige funktionale und soziale Rolle für extremistische Gruppen spielen. Sie argumentieren, dass diese ein **radikalisierender Multiplikator** sein können, der die psychologischen Vorgänge sowie die Ideologien innerhalb einer Gruppe fördern und optimieren kann.

Auch in den Vereinigten Staaten wurden landesweit repräsentative Umfragen durchgeführt, in denen jeweils zwischen Teilnehmer*innen mit einem hohen und einem niedrigen Verschwörungsglauben unterschieden wurde. Die Ergebnisse der Umfragen zeigten, dass die Personen, die eher eine Neigung zu Verschwörungstheorien hatten, der Aussage, dass Gewalt manchmal ein akzeptables Mittel zum Ausdruck von Uneinigkeiten mit der Regierung ist, mit höherer Wahrscheinlichkeit zustim–

mten als die Personen, die eine schwächere Neigung zu Verschwörungstheorien hatten.

Leider geschehen überall auf der Welt zu viele Dinge, bei denen Menschen, auf der Grundlage von Verschwörungsüberzeugungen, Gewalttaten vollziehen, sowie Fälle, in denen Regierungen aufgrund von Verschwörungsideen und Propaganda Gewalt ausüben, so, wie es beispielsweise die Nationalsozialist*innen taten.

Engagement am Arbeitsplatz

Fast jeder ist mit den Konsequenzen von eher fragwürdigen Informationen, wie Gerüchten, in der Schule, der Universität oder eben am Arbeitsplatz vertraut. Auch wenn Gerüchte nur scheinbar triviale Informationen sein mögen, die in der Pause ausgetauscht werden, verursachen sie Stress am Arbeitsplatz, schmälern den Gewinn, bringen das Ansehen des Unternehmens in Verruf und beeinträchtigen die Produktivität. Gerüchte und Verschwörungstheorien mögen sich zwar darin unterscheiden, dass Gerüchte nicht notwendigerweise eine geheime Absprache zwischen Menschen implizieren, doch trotz dessen weisen beide Phänomene einige wichtige Parallelen auf.

Sowohl Gerüchte als auch Verschwörungstheorien können das Vertrauen in Autoritäten verringern, da es beiden meistens an Beweisen fehlt. Außerdem werden beide oftmals herangezogen, wenn zuverlässige Informationen nicht zur Verfügung stehen, oder sie werden auf der Grundlage einer gewissen Unsicherheit bestätigt.

Bei einer experimentellen Untersuchung zu den Folgen von Verschwörungsideen am Arbeitsplatz wurden einige Teilnehmer*innen gebeten, sich diesen konspirativ vorzustellen und andere nicht. Diejenigen, die sich einen konspirativen Arbeitsplatz vorgestellt haben, wollten ihn eher verlassen als diejenigen, die sich in der Kontrollbedingung befanden. Das Ergebnis der Untersuchung ist auf eine geringere Arbeitszufriedenheit sowie ein geringeres Engagement zurückzuführen. Aus diesem Grund kann sich der Austausch von Verdächtigungen in der Pause durchaus negativ auf den Arbeitsplatz auswirken.

Rhetorik der Verschwörungstheorie

Verschwörungsgläubige nutzen viele verschiedene rhetorische Strategien, um ihre Geschichten attraktiv zu verpacken. Eine dieser Strategien ist das sogenannte **cherry picking** (oft auch Rosinenpicken), bei dem ausschließlich die Argumente präsentiert werden, die eine Geschichte vermeintlich beweisen. Dabei werden Gegenbeweise und Widersprüche bewusst ignoriert und ausgelassen.

Beispiel:

- „Die Mondlandungen waren inszeniert, weil seit dem Jahr 1972 keine Menschen mehr den Mond betreten haben. Wenn die Technik damals angeblich schon so fortgeschritten gewesen wäre, dann hätten die Mondlandungen nicht einfach aufgehört."
- „Die Terroranschläge vom 11. September 2001 waren inszeniert, denn die Luftabwehr hat nicht direkt eingegriffen und sonst hätte die USA im Anschluss nicht einfach in den Irak einmarschieren können."
- „Bill Gates will den Menschen durch die Impfung Mikrochips einpflanzen. Schließlich ist seine Stiftung einer der größten Geldgeber der WHO, weshalb er diese auch selbst lenkt. Das ist die perfekte Tarnung, um uns Menschen zu

kontrollieren. Außerdem hat er sich mit seiner Aussage über digitale Zertifikate, die natürlich wahr wurde, selbst verraten."

• „Chemtrails existieren wirklich, denn sonst wären die Kondensstreifen nicht an einem wolkenlosen Himmel zu sehen und würden nur bei einigen auserwählten Flugzeugen entstehen. "

Eine weitere rhetorische Strategie, die sich laut Wissenschaftler*innen in den letzten Jahrzehnten vor allem in der westlichen Welt zunehmend verbreitet hat, ist das sogenannte Nur-Fragen-Stellen. Durch diese Methode lassen sich Zweifel gegenüber offiziellen Institutionen sowie jegliche Art der Bedenken an anerkannten Erklärungen gezielt säen. Zur gleichen Zeit sind die Personen, die die Verschwörungstheorien verbreiten, wesentlich schwieriger anzugreifen, weil man gegen Fragen nur schwer argumentieren kann.

Beispiel:

• „Wieso wurden in den E-Mails vom damaligen Wahlkampfmanager der Clintons, John Podesta, der im Austausch mit dem Besitzer der Pizzeria, James Alefantis, stand, Codewörter gefunden, die normalerweise von Pädophilen im Netz genutzt werden, wenn es im Keller der Pizzeria in Washington D.C. gar keinen international agierenden Pädophilenring gibt? Und wieso trug Alefantis auf einem seiner Instagram-Fotos ein T-Shirt mit dem Aufdruck „J' <3 L'Enfant" (sinngemäß für: Ich liebe Kinder)?"

• „Wieso sollte jemand, der die höchste nichtmilitärische US-Sicherheitsstufe "Q" hat, sein Leben riskieren und geheime Informationen an die Öffentlichkeit bringen, wenn sie nicht wahr wären?"

• „Wenn das Coronavirus doch angeblich nicht aus dem Labor stammt, wieso verweigerte dann die chinesische Staatsführung die Einsicht in die Originalunterlagen in Wuhan und wieso hielten sie das Virus erst einmal geheim, wenn sie doch angeblich nichts zu verbergen hätten?"

• „Woher wusste Bill Gates, dass es irgendwann digitale Impfzertifikate geben wird, wenn es angeblich nicht sein Plan war, die Menschen zu überwachen?"

Doch Verschwörungsmystiker*innen nutzen nicht nur rhetorische Strategien, sondern auch bestimmte sprachliche Mittel, um ihre Sichtweise auf die Geschehnisse der Welt plausibel darzustellen und andere Menschen von ihrem Glauben zu überzeugen. Welche sprachlichen Mittel das sind und wie man sie erkennen kann, können wir in der folgenden Liste erkennen:

1. **Entlarvungsvokabular:** endlich sagen, was wirklich Sache ist, die Wahrheit erkennen, Klartext sprechen
2. **Hohe Frequenz an Wörtern & Phrasen, die die verschwörungstheoretische(n) Version(en) als glaubwürdig darstellen:** eindeutig, mit Sicherheit, klar, sicher, faktisch, deutlich, selbstverständlich, gewiss, zweifellos, sichtbar, immer, tatsächlich, sicherlich
3. **Relativierendes Vokabular:** vermutlich, angeblich, vermeintlich, sogenannt, scheinbar, fälschlich, mutmaßlich, wohl, vorgaukeln, verschweigen, unterstellen, suggerieren, behaupten, wahrscheinlich
4. **Dysphemismen & Neologismen:** Monstervirus, Lügenpresse, Killervirus, Volkshetze, Staatsterrorismus, Volksverdummung, Geisterstädte, Spahn-Gruß, Seuchenerfinder, Seuchenfaust, Fake-Terroranschlag, Verarschungsregierung, Lügenmedien, Fake-Szenario, Fake-Fachleute
5. **Metaphern:** Marionetten, die da oben und wir hier unten, hinters Licht führen, im Hintergrund die Fäden ziehen, hinter den Vorhang bzw. hinter die Kulissen schauen, dem Theater ein Ende machen, Puppenspieler
6. **Phraseme:** etwas wird unter den Teppich gekehrt, die Hände im Spiel haben, es stinkt zum Himmel, den Mantel des Schweigens breiten, etwas unter Verschluss halten, Zweifel aufkommen, etwas ist erstunken und erlogen, etwas ist klar wie Kloßbrühe, der Zweck heiligt die Mittel, jemandem ein X für ein U vormachen
7. **Negationen:** keine Pandemie, keine Epidemie, nicht, kein
8. **Signalwörter:** Multimilliardengeschäft, Geschichte, Hype, Desinformation, Falschdarstellung, Lügenmedien, Fake
9. **Eventuelle Betonung des eigenen Expertenstatus zur Stärkung der anerkannten Autorität & Technobabble, bei dem mit vermeintlichen Fachwörtern Expertise vorgetäuscht wird:** wir Ärzt*innen, wir Mediziner*innen, wir Forschende

Im Kontext von Verschwörungsmythen ist es nicht nur sinnvoll, sondern auch nützlich, über die Strategien und die Entlarvungsrhetorik Bescheid zu wissen. Doch nicht jedes Mal, wenn jemand ein Wort wie vermutlich oder angeblich verwendet oder eine der hier notierten Metaphern nutzt, muss das auf eine Verschwörungstheorie schließen. Sobald das Entlarvungsvokabular jedoch gehäuft auftritt, ist das in der Tat ein Hinweis auf eine Verschwörungstheorie und man sollte auf weitere Merkmale eines verschwörerischen Mythos in den Aussagen achten.

How to Quellenprüfung

Allgemeine Prüfung der Informationsquellen:
• Welche Nachrichten werden in der Quelle verbreitet? Sind sie seriös und objektiv oder eher emotional und reißerisch?
• Finden sich andere, unabhängige Belege?
• Gibt es auf der Website ein ordentliches Impressum und lässt sich der*die Verfasser*in ermitteln?

1. Prüfung des Verfassers bzw. der Verfasserin: Wer schreibt mit welcher Absicht?

~✓ = starke Wahrscheinlichkeit: Verschwörungstheorie
~✗ = geringe Wahrscheinlichkeit: Keine Verschwörungstheorie

• Der*Die Verfasser*in ist ein*e *selbst ernannte*r* Expert*in.
• Er*Sie ist *keiner* renommierten Institution oder Organisation zugehörig.
• Er*Sie gibt Referenzen an, die sich jedoch als *überholt* oder *dünn* herausstellen.

• Der*Die Verfasser*in ist auf diesem Gebiet ein*e *anerkannte*r* Expert*in.
• Er*Sie stützt seine*ihre Aussagen und Behauptungen *auf wissenschaftlichen Belegen sowie nachprüfbaren Fakten.*

2. Prüfung der Quelle: Ist die Quelle anerkannt und verlässlich?

~✓

- Die Herkunft der Informationen ist *unklar.*
- Die Quelle wird nicht von unabhängigen Faktencheck-Websites *bestätigt.* Außerdem haben sie ihre verwandten Äußerungen entkräftet.
- Lediglich selbst ernannte Expert*innen geben die Informationen weiter.

- Die Informationen der Quelle werden sowohl *von der Forschung als auch der Wissenschaft gestützt.*
- Die Quelle und ihre verwandten Äußerungen werden von *unabhängigen* Faktencheck-Websites *bestätigt.*
- Mehrere angesehene Medien haben die Quelle zitiert.

3. Auf den Stil und den Ton achten: Sind sie fair und ausgewogen oder eher eindimensional und provokativ?

~✓

- Der*Die Verfasser*in gibt keine Antworten, sondern wirft *Fragen* auf.
- Der*Die Verfasser*in *diskreditiert* jeden, der hinter der vermeintlichen Verschwörung steckt.
- Der*Die Verfasser*in präsentiert seine*ihre Information als die *alleinige Wahrheit.*
- Der Ton ist *emotional* aufgeladen und *subjektiv.* Die Nachricht soll durch Anekdoten und emotionale Bilder veranschaulicht werden.

- *Unterschiedliche Perspektiven* sowie die Komplexität der Thematik werden durch den*die Verfasser*in aufgezeigt.
- Der*Die Verfasser*in gesteht offen ein, an seine*ihre eigenen *Wissensgrenzen* zu stoßen.
- Der Ton ist *sachlich* und *objektiv.*

Kommunikations-Guide

FÜR GESPRÄCHE, DISKUSSIONEN & DISPUTE

Sich vor dem Gespräch folgende Fragen stellen:

1 Welche Verschwörungstheorie wird hier vertreten?

2 Was bewegt mein Gegenüber dazu, an diese Verschwörungstheorie zu glauben?

3 Welche Konsequenzen und Auswirkungen hat der Verschwörungsglaube sowohl auf das Leben meines Gegenübers als auch auf seine*ihre Umgebung?

4 Was bewegt mein Gegenüber dazu, an die Verschwörungstheorie zu glauben?

5 In welchem Verhältnis stehe ich selbst zu diesem Menschen?

Was man bei Diskussionen mit Verschwörungsgläubigen bedenken sollte:

1 Verschwörungstheoretiker*innen glauben wahrscheinlich an mehr als nur an einen Verschwörungsmythos und werden ihre Überzeugungen daher tatkräftig verteidigen.

2 Jedes Argument gegen einen Verschwörungsmythos kann als Beweis dafür angesehen werden, dass der Gegenüber selbst Teil der Verschwörung ist, und den*die Verschwörungsgläubigen noch tiefer in seine*ihre Überzeugung drängen.

3 In der Diskussion geht es nicht darum, Verschwörungsgläubige zu überzeugen und ihnen deutlich zu machen, dass sie an eine Verschwörungstheorie glauben. Vielmehr geht es darum, herauszufinden, ob die Theorie plausibel und gerechtfertigt ist oder eben nicht.

4 Am besten unterhält man sich auf einer Metaebene und fragt sich, was gegen die eigene Theorie sprechen könnte.

5 Lange Diskussionen sind meistens wenig sinnvoll, da sie nur geringe Erfolgschancen haben.

6 Es gibt nur wenige Möglichkeiten, auf einen gemeinsamen Nenner zu kommen. Deshalb kommt man mit Fakten oftmals nicht weiter. Das hat auch damit zu tun, dass Falschinformationen oder Verschwörungstheorien in den meisten Fällen nicht auf einer Faktenebene funktionieren, sondern auf einer emotionalen (z. B. durch die Bestätigung einer Angst oder eines Vorurteils).

7 Mit Menschen, die noch nicht vollständig von Verschwörungsmythen überzeugt sind, kann man laut Forschung besser diskutieren.

8 Hinter Verschwörungstheorien stecken immer gewisse Motivationen, Sorgen, Bedürfnisse oder Nöte. Es braucht vielleicht gar keine Verschwörungstheorie mehr, wenn die Intention dahinter anderweitig befriedigt wird.

Was kann ich selbst tun?

1 Es ist wichtig, sich selbst kritisch zu hinterfragen und die eigenen Überzeugungen auf Genauigkeit zu überprüfen. Denn Verschwörungsgläubigen fällt dies oftmals schwer, weil nicht nur die eigenen Überzeugungen in einem verschwörungstheoretischen Weltbild für wahr gehalten werden, sondern auch jeglicher Versuch, jemanden vom Gegenteil zu überzeugen, als Teil der Verschwörung interpretiert wird.

2 Bevor man das Gespräch sucht, sollte man sich immer erst selbst gut informieren. Denn wer die Mechanismen des Verschwörungsglaubens versteht, kann sich selbst besser vor ihnen schützen.

3 Am besten sucht man immer ein persönliches, offenes Gespräch und regt Fragen an.

4 Zu Gesprächsbeginn sollte eine direkte Konfrontation vermieden werden, da sich sonst die Fronten verhärten könnten.

5 Immer mit realistischen Zielen in eine Diskussion gehen. Umdenken ist ein Prozess, der sehr langsam vonstattengeht. Niemand begibt sich in eine Debatte, um im Anschluss die Welt anders zu sehen. Doch wenn jemand anschließend Zweifel hat, hat man schon viel erreicht.

6 Ein ruhiges, gegenseitiges Ausredenlassen ist wichtig.

7 Man sollte die Sorgen der Menschen ernst nehmen, ohne ihren Theorien dabei jedoch zuzustimmen. Außerdem sollte man sich nicht darüber lustig machen und die Theorien nicht ins Lächerliche ziehen, denn sonst kann kein Austausch gelingen. Viel erfolgreicher ist man, wenn man sich in sein Gegenüber hineinversetzt und Einfühlungsvermögen zeigt.

8 Es hilft, selbst Fragen zu stellen, Angebote zu machen und empathisch zuzuhören. Eine Selbstreflexion wird oftmals durch detaillierte und offene Fragen zum Verschwörungsglauben angeregt, wie z. B.: *„Warum glaubst du an diese Theorie und was bringt es dir?", „Wieso findest du*

*das schlüssig?", „Wie passen diese widersprüchlichen Aspekte für dich zusammen?", „Warum machen die angeblichen Verschwörer*innen das?"*

9 Manchmal hilft es, ehemalige Verschwörungsgläubige anzuführen, die einst dasselbe geglaubt und später von diesem Glauben abgelassen haben.

10 Immer einen Schritt nach dem anderen machen und sich auf einfache Logik und sachliche Argumente konzentrieren. Unnötige Details sollten ausgelassen werden.

11 Reagieren ist immer besser als Schweigen, da dieses oftmals als Zustimmung interpretiert wird. Keine Reaktion kann auch dazu führen, dass sich jemand weiter in die Verschwörungstheorie hineinsteigert.

12 Das ***Themen-Hopping*** ist ein beliebtes Argumentationsmuster von Verschwörungsgläubigen, das es zu vermeiden gilt. Das Gegenüber wechselt häufig das Thema und versucht, auszuweichen, anstatt auf die Gegenargumente einzugehen. Demnach sollte man das Gespräch immer auf die ursprüngliche Aussage lenken, z. B.: *„Was du zu Beginn zu XY gesagt hast, wie meinst du das? Darüber würde ich gerne noch mal genauer sprechen."*

13 Beim sogenannten ***Link-Bombing*** eine Sache herausgreifen. Schickt eine Person in einer Online-Diskussion zahlreiche Links, anstatt auf ein Gegenargument einzugehen, sollte man nicht auf alle Links reagieren, sondern sich einen heraussuchen, z. B.: *„Du hast da diesen einen Link geschickt – Wer ist denn der*die Absender*in und warum schenkst du gerade dieser Quelle Glauben?"*

14 Nicht die Argumente der Verschwörungstheorie wiederholen, weil Wiederholungen das Denken festigen. Stattdessen lieber eine Gegenerzählung anbieten und diese besonders hervorheben.

15 Wenig zielführend ist es, die Gedanken des Gegenübers als Unsinn oder als Widersinn abzustempeln.

16 Möglichst eine Vielzahl verschiedener und seriöser Quellen zum Thema benennen sowie behutsam vorgehen.

17 Literatur-, Film- sowie Podcast-Empfehlungen zum Thema aussprechen, damit sich die andere Person in Ruhe selbst noch einmal mit dem Thema auseinandersetzen kann. Dadurch kann er*sie Zweifel zulassen und eventuell einen Weg aus seinem*ihrem Verschwörungsdenken finden.

18 Keinen Druck auf das Gegenüber ausüben, da diese Herangehensweise nach hinten losgehen kann. Lieber nach dem Gespräch erst einmal alles in Ruhe sacken lassen und es später erneut versuchen.

19 Gefährden Menschen sich oder andere, sollte nicht damit gezögert werden, Hilfe zu holen. In einigen Bundesländern gibt es sogar spezielle Beratungsstellen.

- *veritas: Beratungsstelle für Betroffene von Verschwörungserzählungen*

Website: https://veritas-beratung.de

E-mail: *kontakt@veritas-beratung.de*

Telefon: ***0157 39 29 69 66***

- *Beratungsstelle Extremismus zum Thema Verschwörungstheorien*

Telefon: ***0800 2020 44***

- *weitere Anlaufstellen:*

https://www.amadeu-antonio-stiftung.de/verschwoerungsmythen-und-antisemitismus/anlaufstellen-und-beratungsangebote/

http://beratungsnetzwerk.hamburg/beratung/verschwoerungsideologien/

20 Potenzielle Falschmeldungen im Internet und den sozialen Netzwerken sollten gemeldet werden.

Auf einen Blick

Verschwörungstheorien scheinen erst seit einigen Jahren auf dem Vormarsch zu sein, dabei ist der Anfang von Verschwörungstheorien etwa auf das Ende des 15. Jahrhunderts zu datieren. Denn die ersten großen Verschwörungstheorien traten nicht erst im 21. Jahrhundert in Erscheinung, sondern bereits in der Epoche der Aufklärung. Das war zum einen der Erfindung der Druckpresse und zum anderen der zunehmenden Bildung der Bevölkerung geschuldet.

Heutzutage trifft man insbesondere im Internet auf allerlei alternative Erklärungsmodelle, die eine böse Elite etwa für die Anschläge vom 11. September oder die Flüchtlingskrise verantwortlich machen. Ob Gesellschaft, Politik oder Wissenschaft – zu beinahe jedem komplexeren Vorgang gibt es Verschwörungstheorien.

- Grundsätzlich bestehen Verschwörungstheorien immer aus den folgenden drei wesentlichen Komponenten: eine Gruppe aus **mindestens 2 Verschwörer*innen, Geheimhaltung und Intentionalismus.**
- bei jeder Verschwörungstheorie gibt es ein Kollektiv, das einen Plan verfolgt, der von ihnen im Geheimen ausgeübt wird
- der Dualismus zwischen dem Guten und dem Bösen spielt immer eine Rolle

- Verschwörungstheorien funktionieren dadurch, dass sie Sinn- und Erklärungsangebote liefern
- es scheint, als würden Verschwörungstheorien Sicherheit spenden, da ihre Anhänger*innen zwischen den jeweiligen Ereignissen Zusammenhänge und Verbindungen herstellen
- Verschwörungstheoretiker*innen glauben, dass sie über ein ganz besonderes Wissen verfügen, welches sie vor angeblich schädlichen Einflüssen schützt
- Verschwörungstheorien erzeugen jedoch auch Ängste, weil sie einen negativen Grundcharakter besitzen

Aus wissenschaftlicher Perspektive:

- Verschwörungstheorien sind heterodoxe Wissensbestände, die im Widerspruch zu orthodoxen Wissensbeständen der Gesellschaft stehen.
- Heterodoxe Wissensbestände sind Überzeugungssysteme, die entweder aktuelle oder aber historische Ereignisse, gemeinsame Erfahrungen oder eine gesellschaftliche Entwicklung als Konsequenz einer Verschwörung interpretieren.
- Die Existenz dieses Verschwörungsmythos wird dabei entweder von der Mehrheit der Bevölkerung, den leitenden Medien oder anderen national genehmigten Deutungsinstanzen nicht anerkannt.
- Für Verschwörungstheorien existieren vermeintliche Beweise, die diese stützen sollen.
- Verschwörungserzählungen suggerieren, dass es keinen Zufall gibt und nichts ohne Grund geschieht.
- Dabei teilen sie die Welt nicht nur in Gut und Böse auf, sondern stellen auch bestimmte Menschen oder Kollektive als Sündenböcke dar.
- Verschwörungstheorien erfüllen somit eine klassische Sündenbockfunktion, indem sie Verantwortung auf eine klar identifizierbare Gruppe menschlicher Akteur*innen schieben.

Daran anknüpfend:
• Verschwörungstheorien haben auch eine Entlastungsfunktion.
• Sich selbst schreibt man keinerlei Schuld zu, es gibt ja die Bösen, die schuldig sind.
• Sie verstärken die Gruppenidentität, denn Verschwörungsgläubige betrachten sich selbst als unschuldige Opfer und sehen andere als Gruppe böser Verschwörer*innen an.
• Verschwörungsmythen bedingen einen gewissen Optimismus, da man vermeintlich wahre Verschwörungen demaskieren und potenziell besiegen kann.
• Verschwörungstheorien bekräftigen das Wunder der eigenen Identität.
• Man gehört nun selbst einer kleinen Gruppe, der ausgewählten Elite, an, die verstanden hat, wie die Welt vermeintlich in Wirklichkeit funktioniert.
• Endlich ist man aus der eigenen Unmündigkeit erwacht und blickt mit offenen Augen auf die Welt.
• Im Gegensatz dazu gehen andere Menschen immer noch mit verschlossenen Augen durchs Leben.
• Aus diesem Grund sehen sich Verschwörungsgläubige als etwas ganz Besonderes an.
• Sie denken, sie seien die einzigen, die die Wahrheit sehen können.

Seelische Muster

Grundsätzlich gibt es drei seelische Muster, für die Verschwörungstheorien wichtige Funktionen haben: die Dynamik identitätsstiftender Demaskierung, die Dynamik ohnmachtsgetriebener Rache und die Dynamik unbewusster Angstprojektionen.

Funktionen

Verschwörungserzählungen haben viele Ziele und man kann ihnen grundsätzlich vier Funktionen zusprechen. So haben Verschwörungstheorien eine **Sinnstiftungs- und Erkenntnisfunktion**, die zum Ziel hat, den **Sinn** im Leid der Welt zu erkennen. Außerdem haben Verschwörungs–

theorien eine **Identifikationsfunktion**. Die dritte Funktion von Verschwörungstheorien ist die **Manipulationsfunktion**, denn Verschwörungstheorien lassen sich nicht nur in Gut und Böse unterscheiden, sondern grenzen auch Menschen, die an die Verschwörung glauben, von Menschen, die noch überzeugt werden müssen, ab. Als Letztes haben Verschwörungstheorien eine **Legitimationsfunktion**, denn schon immer dienten sie der Erhaltung von Herrschaft sowie der Erklärung von Gewalttaten, Diskriminierungen und sogar Mord und Ausrottung.

Motivation

Verschwörungstheorien stehen häufig im Zusammenhang mit **politischen Geschehnissen**, weil sie die Wahrnehmung der Bevölkerung von politischen Akteur*innen prägen. Doch gleichzeitig sind sie auch ein sehr **lukratives Geschäftsmodell**, hinter dem finanzielle Interessen stecken. Verschwörungstheorien können so etwas wie **Ersatz-Religionen** sein, da sie den Menschen in einer zunehmend konfessionslosen Gesellschaft den nötigen Halt spenden. Für viele Menschen kann jedoch auch **soziale Unsicherheit** ein Grund sein, um an Verschwörungstheorien zu glauben. Zudem fand die Forschung heraus, dass die Neigung zu Verschwörungstheorien umso größer ist, desto mehr sich Menschen **extremen politischen Ausrichtungen** und Positionen zuwenden. Der Glaube an Verschwörungstheorien hängt oftmals auch mit **Vorurteilen** gegenüber religiösen oder ethnischen Minderheiten zusammen. Außerdem scheint es einen Zusammenhang zwischen religiösen Menschen sowie Menschen mit einer **Neigung zum Spiritualismus** und zur Esoterik und einer stärkeren Neigung hin zu Verschwörungstheorien zu geben.

Wahre Verschwörungen

Wahre Verschwörungen kennzeichnen sich besonders dadurch, dass sie meistens zwei Dimensionen kleiner als die eigentliche Vorstellung von Verschwörungen sind. Dann könnte man sie auch als Bündnis, Komplott oder Seilschaft bezeichnen. Sie kommen ohne Bösewichte aus, deren Ziel angeblich die Weltmacht ist. Stattdessen wollen sie temporäre Bündnisse mit nur wenigen Akteur*innen eingehen, um jeweils ihre eigenen Interessen zu verfolgen. Ein bekanntes Beispiel einer wahren Verschwörungstheorie ist zum Beispiel die Watergate-Affäre, die die Präsidentschaft sowie die politische Laufband von Richard Nixon beendete.

Forschung

Die psychologische Forschung zu Verschwörungstheorien deutet darauf hin, dass der Verschwörungsglaube durch epistemische, existenzielle und soziale Motive angetrieben wird. Menschen, die sich zu Verschwörungstheorien hingezogen fühlen, versprechen sich von ihrem Glauben die Befriedigung bedeutender sozialpsychologischer Motive. Ob diese Motive nun tatsächlich durch Verschwörungsmythen befriedigt werden oder nicht, ist eine andere Frage.

Richtig diskutieren

Im Diskurs mit Verschwörungsgläubigen geht es darum, herauszufinden, ob die Theorie plausibel und gerechtfertigt ist oder eben nicht. Es gibt nur wenige Möglichkeiten, mit einem*r Verschwörungsgläubigen auf einen gemeinsamen Nenner zu kommen. Deshalb kommt man mit Fakten oftmals nicht weiter. Das hat auch damit zu tun, dass Falschinformationen oder Verschwörungstheorien in den meisten Fällen nicht auf einer Faktenebene funktionieren, sondern auf einer emotionalen. Was man bei Diskussionen mit Verschwörungsgläubigen beachten sollte und welche Fragen man sich vor dem Gespräch stellen sollte, kann man zum Glück aber im S.O.S.!-Guide dieses Buches nachlesen.

In vielen Gerüchten mag etwas Wahrheit versteckt sein, doch nicht jede Verschwörungstheorie entspricht der Realität. Verschwörungstheoretiker*innen glauben an Verschwörungen, weil sie beruhigend sind und einfache Erklärungen und Antworten auf verflochtene Fragen liefern. Denn die Natur des Menschen sucht sich immer den Weg des geringsten Widerstandes. Doch die Wahrheit ist, dass die Welt in Wirklichkeit viel komplexer ist.

Glossar

Chemtrails: Kondensstreifen; setzt sich aus den Begriffen *chemicals* (Englisch für Chemikalien) und *contrails* (Englisch für Kondensstreifen) zusammen

cherry picking: Rosinenpicken; rhetorische Strategie, bei der ausschließlich die Argumente präsentiert werden, die eine Geschichte vermeintlich beweisen; Gegenbeweise und Widersprüche werden bewusst ignoriert und ausgelassen

deep state: tiefer Staat

epistemische Motive: Bedürfnis nach Verständnis und subjektiver Sicherheit

existenzielle Motive: Wunsch nach Sicherheit und Kontrolle

Flat Earther: Anhänger*innen der Flat-Earth-Verschwörungstheorie; Flacherdler

heterodoxe Wissensbestände: stehen im Widerspruch zu orthodoxen Wissensbeständen der Gesellschaft; ein Überzeugungssystem, das entweder aktuelle oder historische Ereignisse, gemeinsame Erfahrungen oder eine gesellschaftliche Entwicklung als Konsequenz einer Verschwörung interpretiert; die Existenz dieser Verschwörung wird dabei entweder von der Mehrheit der Bevölkerung, von den leitenden Medien oder aber von anderen national genehmigten Deutungsinstanzen nicht anerkannt

Intentionalismus: erklärt die Ereignisse als das Produkt von Absichten; Verschwörungen implizieren eine Welt, die auf Intentionalität beruht und aus der Zufälligkeit sowie dem Zufall entfernt wird

Konjunktionstrugschluss: Fehler des probabilistischen Denkens, bei dem einige Menschen die Wahrscheinlichkeit des Zusammentreffens einzelner Phänomene überschätzen

Link-Bombing: eine Sache herausgreifen; schickt eine Person in einer Online-Diskussion zahlreiche Links, anstatt auf ein Gegenargument einzugehen, sollte man nicht auf alle Links reagieren, sondern sich einen heraussuchen

Marginalisierung: gewisse Gruppen der Bevölkerung werden vom „Mainstream" weg an den Rand der Gesellschaft gedrängt und ausgegrenzt

Need for Uniqueness: Bedürfnis nach Einzigartigkeit

Nur-Fragen-Stellen: rhetorische Strategie, durch die sich Zweifel gegenüber offiziellen Institutionen sowie jegliche Art der Bedenken an anerkannten Erklärungen gezielt säen lassen

orthodoxe Wissensbestände: stehen im Widerspruch zu heterodoxen Wissensbeständen der Gesellschaft; ein Überzeugungssystem, das entweder von der Mehrheit der Bevölkerung, von den leitenden Medien oder von anderen national genehmigten Deutungsinstanzen anerkannt ist

Q-Drops: Texte der QAnonverschwörung

Reptiloide: außerirdische Echsenmenschen

Schlafschaf: Schlagwort; stammt aus dem gesellschaftspolitischen Diskurs; wird von Verschwörungstheoretiker*innen gebraucht, um sich von den unwissenden Schlafenden abzugrenzen; Begriff impliziert, dass man selbst zu einer Wissenselite gehört; mit diesem Wort wird eine Person beschrieben, die jegliches Hinterfragen ablehnt; diese Person ist resistent gegenüber jeglichen Fakten und Widersprüchen; sie befreit sich vollständig aus dem eigenständigen Denken sowie der Empathie sowohl gegenüber anderen als auch gegenüber sich selbst

sekundärer Antisemitismus: Terminus sekundär bezieht sich auf den Antisemitismus nach Auschwitz; die sekundäre Form des Antisemitismus drückt sich in chiffrierten Codes und Anspielungen aus, anstatt pauschal die Juden zu beschuldigen

soziale Motive: Wunsch nach Aufrechterhaltung eines positiven Selbstbildes für das eigene Selbst oder für die Gruppe

Themen-Hopping: beliebtes Argumentationsmuster von Verschwörungsgläubigen; Gegenüber wechselt häufig das Thema und versucht, auszuweichen, anstatt auf die Gegenargumente einzugehen

Truther: Wahrheitssuchende

Verschwörungsindustrie: Terminus verdeutlicht den Gedanken hinter der Verknüpfung bestimmter Ziele und den Vorteilen ökonomischer Art; durch die Generierung von verschwörungstheoretischem Publik versuchen verschwörungstheoretische Medien, ihre Produkte, durch die Nutzung von Spekulationen und verschwörungstheoretischen Erzählungen, zu verkaufen

Verschwörungsmentalität: als stabile Persönlichkeitseigenschaft; Menschen mit ausgeprägter Verschwörungsmentalität haben Zweifel an der orthodoxen Version; Zweifel ist häufig stärker ausgeprägt als der Glaube an gewisse Alternativen

Verschwörungstheorie: heterodoxes Überzeugungssystem zu gesellschaftlichen Vorgängen; hinterfragt zu konkretem Zeitpunkt die allgemein anerkannte Wahrnehmung der Wirklichkeit; es wird davon ausgegangen, dass ein Kollektiv von mindestens zwei Personen plant, heimlich und geheim eigene (Macht-) Interessen zu realisieren; dabei können Vermutungen über die Stichhaltigkeit dieses Überzeugungssystems getroffen werden